HISTOIRE GÉNÉALOGIQUE

DE LA

MAISON DU BREIL

SUPPLÉMENT

AUX ADDITIONS ET CORRECTIONS

———— • ————

RENNES

FR. SIMON, SUCCESSEUR DE A. LE ROY, IMPRIMEUR BREVETÉ

—

M DCCC XCVIII

HISTOIRE GÉNÉALOGIQUE

DE LA

MAISON DU BREIL

———

SUPPLÉMENT

HISTOIRE GÉNÉALOGIQUE

DE LA

MAISON DU BREIL

SUPPLÉMENT

AUX ADDITIONS ET CORRECTIONS

RENNES

FR. SIMON, SUCCESSEUR DE A. LE ROY, IMPRIMEUR BREVETÉ

—

M DCCC XCV

AVERTISSEMENT

Aussitôt *après la publication de notre* Histoire généalogique, *nous avons reconnu tristement que des fautes assez nombreuses s'y étaient glissées à l'impression, fautes de dates surtout, qui ne frappent pas toujours des correcteurs peu expérimentés, tels que nous devons humblement nous reconnaître. — De là, première nécessité d'un supplément, pour remédier, autant que possible, à ces défectuosités, dont quelques-unes ont des conséquences particulièrement graves par les discordances qu'elles entraînent.*

Bientôt aussi, nous avons recueilli de notre travail l'un des fruits que nous ambitionnions le plus ; c'est-à-dire qu'il nous a valu de précieuses communications, dont nous ne saurions assez remercier les auteurs. — On a bien voulu nous signaler quelques erreurs de détail et, surtout, nous donner des indications complémentaires d'un sérieux intérêt. Nous-mêmes n'avons cessé de poursuivre nos investigations, et, de-ci de-là, nous avons eu la bonne fortune de quelques rencontres profitables. — C'est ainsi que ce supplément a pris peu à peu un développement assez considérable, et c'est aussi pourquoi la publication en a été retardée jusqu'à ce jour. — Sans doute, un plus long délai nous eût permis d'y ajouter encore, mais nous ne pouvions ajourner indéfiniment des rectifications qui nous tenaient au cœur. Nous le donnons donc tel quel, sans nous flatter d'avoir épuisé un sujet sur lequel le dernier mot n'est jamais dit. Le terrain en sera du moins un peu mieux préparé pour ceux des nôtres qui s'intéressent à ces études, et aimeront peut-être à les poursuivre, soit avec nous, soit après nous.

HISTOIRE GÉNÉALOGIQUE

DE LA

MAISON DU BREIL

SUPPLÉMENT

AUX ADDITIONS ET CORRECTIONS

Page xi, lignes 7 et 8. — *Au lieu de* : éteints à la fin du siècle dernier, *lisez* : éteints au commencement du siècle dernier, dans les Ruellan du Tiercent.

Page xii, première ligne. — *Au lieu de* : avant celle de 1513; *lisez* : en la personne de messire Jean du Breil, seigneur du Breil d'Iffendic, chanoine de l'église cathédrale de Rennes, prieur d'Iffendic et de Saint-Nicolas de la Guerche, inhumé dans l'église d'Iffendic en 1570.

Page xv, note 1. — *Au lieu de* : Le généalogiste Chevillard, nous ne savons sur quel fondement, indique la couronne ducale, etc., *lisez* : Cependant, l'arrêt de maintenue du 12 mai 1669, élection de Chaumont, pour François-Armand du Breil, seigneur de Belleville-Pontbriand, porte : « une « *couronne ducale* sur l'écu. » Cet arrêt indique également, au lieu des supports habituels : *deux aigles*, et pour cimier : *une tête d'aigle*. (Bibliothèque nationale. Cabinet des Titres. Vol. 680, p. 248).

Page 4, ligne 1. — *Au lieu de* : Un seigneur du Breil, etc., *lisez* : Osberne du Breil prit part à la conquête de l'Angleterre en 1066[1]; un autre seigneur du Breil, etc.

Page 4, ligne 3. — *Au lieu de* : Quelques années plus tard, Rodolphe du Breil, etc., *lisez* : Hervé du Breil *(del Brel)* est cité comme témoin dans une charte du duc Conan III, vers l'an 1130[2], et paraît le même que Hervé du Breil *(de Bruill)*, témoin d'une autre charte, à Vannes, en 1146[3]. A la même époque, Rodolphe du Breil, etc.

Page 5, ligne 2. — *Après* : xiie siècle, *ajoutez* : pouvait être fils du croisé de 1096 et petit-fils du compagnon de Guillaume le Conquérant.

Page 6, note 3, ligne 1. — *Au lieu de* : col. 744. *Lisez* : col. 544.

Page 7. — *Après l'article* OLIVIER, *ajoutez* :
Et peut-être :

3° HERBERT du Breil *(de Buillo)* [4], l'un des chevaliers qui,

---

(1) *Liste des compagnons de Guillaume le Conquérant*, par L. DELISLE, membre de l'Institut.

(2) *Mémoires de la Société archéologique d'Ille-et-Vilaine*, C, 1768 et 2256. — *Histoire de Sainte-Croix*, p. 599.

(3) *Mémoires de la Société archéologique d'Ille-et-Vilaine*, XVII, 74. — S. ROPARTZ, *Histoire de Ploërmel*, p. 88, 186, 188.

(4) Dom Morice a traduit par *du ſBueil* contre toute vraisemblance, car la maison de Bueil ou de Beuil, originaire de Touraine, n'a eu quelques rapports avec la Bretagne qu'à partir du xive siècle. D'ailleurs, non seulement le mot *Breil* a été traduit par *Buillum*, en d'autres circonstances (*Notice biographique sur le colonel vicomte de Pontbriand*, p. 4), mais on n'a pas besoin de faire observer combien *Breillum* et *Buillum*, *Breillo* et *Buillo*, peuvent aisément se prendre l'un pour l'autre en écriture courante.

avec Raoul de Fougères, défendirent la tour de Dol contre le roi d'Angleterre en 1173[1].

Page 8, article MATHIEU, ligne 5. — *Après* : de 1177 à 1178; *appel de note et note suivante* :

On nous fait observer que nous avons peut-être corrigé à tort André du Chesne et du Paz, et que « du temps de Roland efleu archevefque de Dol » peut signifier non seulement : du temps de l'épiscopat de Roland, mais : au temps, l'année même, où Roland fut élu archevêque de Dol. — Nous reconnaissons que le doute est au moins possible.

Page 9, article GUILLAUME, ligne 11. — *Ajoutez à la fin de l'alinéa* : — Il est peut-être le même que Guillaume du Breil, témoin, en 1227, avec Guillaume (de Lanvallay), sénéchal de Rennes, Bertrand de Saint-Gilles et autres, dans un jugement rendu à Rennes, touchant le nombre des chevaliers dus par Pierre du Guesclin à l'évêque de Dol, pour servir dans l'armée du Duc[2].

Page 11, ligne 6. — *Au lieu de* : « ...touchant nobles per-« sonnes,... », *lisez* : « ...touchant ses prédécesseurs, et entre autres « des nobles personnes... ».

Page 11, ligne 8. — *Au lieu de* : « ...de la noble maison de « Landal,... » *lisez* : « ...fille de la noble maison de Landal... »

Page 13, ligne 5. — *Après* : (aujourd'hui Boisdenat), *ajoutez* : et de N. de la Landelle.

Page 13, article AMICE, ligne 2. — *Après* : du Boisbasset et de Vauvert, *appel de note et note suivante* :

Il y a apparence qu'Amice du Breil fut également héritière du Breil en Meillac, et que cette terre fut portée, depuis, dans la famille Boutier, par suite du mariage d'Ysabeau de Montauban avec Jean Boutier, seigneur de Château-d'Acy, vers 1400; non pas, cependant, qu'Ysabeau de Montauban fût elle-même héritière d'Amice du Breil, mais en raison d'un arrangement de famille avec son frère, Robert de Montauban, seigneur de Grenouville, auquel sa femme porta cet héritage, comme on le voit par la suite de cet article.

---

(1) Dom LOBINEAU, t. I, p. 160. — Dom MORICE, t. I, p. 992.

(2) DU PAZ, p. 396. — Il est dit, dans cet acte, *Guillaume du Breil, près Montfort*; ce qui pourrait indiquer la possession de la terre du Breil en Iffendic.

Page 15, ligne 1. — *Après* : Roland de la Planche, *ajoutez* : dit de Saint-Denoual.

Page 16, note 2, ligne 15. — *Au lieu de* : chevalier de l'Ordre du Roi en 1558, *lisez* : chevalier de l'Ordre du Roi en 1568.

Page 17, article GUILLAUME, ligne 2. — *Au lieu de* : figure en 1361, *lisez* : figure en 1340.

Page 17, article GUÉRIN, ligne 3. — *Au lieu de* : 17 février, *lisez* : 27 février.

Page 18, ligne 1. — *Après* : du sire de Derval. *Ajoutez* : L'Armorial du Vaumeloisel[1] le cite aussi comme écuyer, « sui-« vant les monstres de l'histoire de du Guesclin, » sans que nous ayons retrouvé la montre dont il s'agit.

Page 18, article ROLAND, ligne 3. — *Au lieu de* : en 1369, *lisez* : en 1370.

Page 18, article JEANNE. — *Ajoutez à la fin de cet article* : probablement père d'autre Geffroy, seigneur de Trémigon, qui comparut à la revue des Nobles de l'archidiaconné de Dinan des 5 et 6 mai 1472, par Jean de Trémigon, son fils[2].

Page 18, note 5. — *Au lieu de* : mariée en 1315, *lisez* : mariée en 1339.

Page 19, ligne 7. — *Après* : Charles de Blois, *appel de note et note suivante* :

Nous ignorons quelle part Colin du Breil prit au soutien de la cause des princes de Penthièvre ; nous le trouvons seulement écuyer d'Hôtel du duc Jean IV et signataire du traité de Guérande en 1381, et, précédemment, servant « ès parties de Languedoc, » et commandant, avec Jean de Saint-Paul, une

---

(1) Relativement à cet armorial, voir notre publication dans la *Revue historique de l'Ouest, 1894-1895*.

(2) On trouve encore à la même époque, sans que nous puissions rien dire de leur attache :

1º HENRI du Breil, chevalier, dans une montre de Hugues de la Roche, sire des Tournelles, reçue à Limoges, le 22 août 1370. (*Histoire de Bertrand du Guesclin*, par HAY DU CHASTELET.)

2º ROBIN du Breil (peut-être le même que *Rolan*, car ces deux noms sont souvent pris l'un pour l'autre), qui fit serment au duc Jean IV, au mois de décembre 1371, « de luy eftre vray & loïal vaffal & « homme lige, fervant & obéiffant envers & contre tous... ». (Archives de Nantes. Trésor des Chartes des ducs de Bretagne.)

compagnie d'hommes d'armes, suivant une quittance du 14 mars 1374 (1375, nouveau style), donnée par « Jean de Saint-Paul, chevalier, & Colin du Breil, écuyer de la duché de la Bretagne, » de la somme de 500 francs d'or à eux allouée par le duc d'Anjou, frère du Roi, « en récompenfation de leurs dépenfes..... « à venir par devers lui, pour le fait de groffes befoygnes touchant le profit du Roy..., » avec engagement, pour eux et les gens de leur compagnie, de ne pas passer la rivière du Rhône, sans commandement du Roi ou du Duc, son lieutenant, de ne faire aucun dommage aux terres de l'Église, et d'empêcher de tout leur pouvoir « meffire Olivier du Guefclin & fes compaguons, qu'ils ne pafferont ladite rivière, ny « donneront dommage audit royaume ny à ladite terre de l'Églife. » (*Histoire de Bertrand du Guesclin*, par HAY DU CHASTELET, p. 386). — Il est encore probablement le même que Colin du Breil, connétable et garde du château de Sucé en 1387. (*Armorial du Vaumeloisel.*)

Page 19, dernière ligne. — *Après* : en 1309. *Ajoutez* : On a vu qu'elle avait ses principales possessions en Plélan et paroisses circonvoisines; on trouve, en effet, les le Borgne partageant, au XIVe siècle, la seigneurie de Plélan avec la maison de Dinan[1].

Page 20, ligne 5. — *Après* : ROLAND, qui suit. *Ajoutez* :

Et probablement :

3° GUILLAUME du Breil, chanoine et archidiacre de Dol en 1434, mort en 1462[2].

Page 20, article ROLAND, ligne 4. — *Après* : avant l'an 1399, *appel de note et note suivante* :

André du Chesne dit : « devant l'an 1400, » et du Paz : « avant l'an 1399. »

Page 22, article CHARLOTTE, ligne 4. — *Au lieu de* : le 26 mars 1459, *lisez* : par contrat du 26 mars 1459.

Page 27, lignes 3 et suivantes. — *Au lieu de* : en 1458, il fut envoyé à Paris par le duc Arthur III, auquel il donna avis des

(1) Par contrat du jeudi avant la fête saint Gilles de l'an 1339, Jehan Durant et Amice, sa femme, vendent à Raoul le Borgne tous leurs héritages et propriétés « en la paroiffe de Plélan, fous la feignorie « Monfour Roland de Dinan, tant en fez qu'en rièrefez, & fous la feignorie Jehan le Borgne, en celle « paroiffe, tant en terres qu'en rentes & héritaiges. » — Ce contrat porte la cote de la seigneurie des Fossés en Plélan, dont on suppose que ces le Borgne furent les plus anciens possesseurs. (Archives de Saint-Brieuc, E, 1762.)

(2) GUILLOTIN DE CORSON, *Pouillé de l'Archevêché de Rennes.*

projets d'invasion que formaient les Anglais, *lisez* : chargé d'une première mission en France, à la fin de 1447, mission qui paraît relative au procès du malheureux prince Gilles[1], il fut de nouveau député vers le Roi en 1458, et put donner avis au duc Arthur III des projets d'invasion que formaient alors les Anglais[2].

Page 28, ligne 7. — *Ajoutez à la fin de l'alinéa* : Enfin ils eurent encore mission de tenir sur les fonts du baptême, au nom du duc de Bretagne, un petit-neveu du pape Pie II[3], et avaient réussi à faire agréer à ce pontife une proposition d'arbitrage touchant les difficultés pendantes entre le Duc et le roi de France[4], agrément qui, toutefois, demeura sans résultat, Louis XI ayant finalement refusé son acquiescement à ce projet.

Page 28, lignes 8 et 9. — *Au lieu de* : Ambassadeur en Angleterre en 1465 et 1466, Olivier du Breil y fut envoyé de nouveau en 1468, etc., *lisez* :

A son retour de Rome, Olivier du Breil fut l'un des principaux commissaires nommés par le Duc, avec pleins pouvoirs, le 4 avril 1464, pour informer de la situation des églises de Bretagne au point de vue des droits régaliens[5], et préparer une réponse aux prétentions de Louis XI. — En 1465[6] et 1466[7], il fit partie de deux ambassades solennelles envoyées en Angleterre, et, député de nouveau dans le même pays en 1468, etc.

Page 30, ligne 14. — *Ajoutez à la fin de l'alinéa* : Suivant Alain Bouchard, après cet accord intervenu, les mêmes ambassadeurs

---

(1) Dom LOBINEAU, t. I, p. 631.
(2) ID., *ibid.*, p. 668.
(3) ID., *ibid.*, p. 685.
(4) Dom TAILLANDIER, p. 86.
(5) Dom MORICE, *Preuves*, t. III, col. 67.
(6) ID., *ibid.*, col. 98. Sauf-conduit du 6 avril 1465.
(7) ID., *ibid.*, col. 136-137. Sauf-conduit du 18 novembre 1466.

« f'en allèrent en Flandres, par devers le duc de Bourgongne, luy
« remonftrer ce qui avoit efté conclud à Saulmur; & fut le duc
« de Bourgongne bien joyeulx de ce que le Duc avoit refufé
« l'Ordre. »[1]

Une autre négociation délicate réclama encore les soins
d'Olivier du Breil en 1474; de concert avec le chancelier Chauvin,
l'évêque de Saint-Malo, le grand maître de Bretagne et Michel de
Parthenay, il eut à traiter avec le chancelier de France Doriolle et
autres envoyés du Roi[2]. Plusieurs conférences eurent lieu à
Nantes, et les ambassadeurs français n'ayant pu amener ceux de
Bretagne à leurs fins insidieuses, en rendirent compte à Louis XI
par lettres du 21 juillet 1474[3].

Page 31, ligne 1. — *Après* : son ambassadeur, *ajoutez* : sur les
réclamations formulées au nom du Roi par le comte du Maine.

Page 34, ligne 3. — *Ajoutez à la fin de l'alinéa* : Le mari de
Marguerite du Breil était sans doute le même que Jean Raguenel,
seigneur de Montigné, chevalier, conseiller du Duc, dont on
trouve un sceau de l'an 1500[4], et devait être petit-fils d'autre
Jean Raguenel, seigneur de Montigné, marié, vers 1400, à Jeanne
le Roux, héritière de la Normandaye, près Hédé, celle-ci fille de
messire Jean le Roux, chevalier, seigneur de la Normandaye.

Page 34, article JEANNE, ligne 7. — *Au lieu de* : messire Jean
DE PONTROUAULT, *lisez* : messire Jean, *aliàs* François[5] DE
PONTROUAULT.

---

(1) ALAIN BOUCHARD, *Annales de Bretagne*, feuillet CCII, verso.

·(2) Dom TAILLANDIER, p. 127.

(3) Dom MORICE, *Preuves*, t. III, col. 273-275.

(4) Ce sceau est ainsi décrit par l'Anonyme du Vaumeloisel : « *Un efcartelé chargé d'un lambeau*, pour
« ornement: *un cafque & fes lambrequins & bourrelets*, & pour cimier : *la tefle d'un cheval bridé.* »

(5) Du Paz et André du Chesne l'appellent Jean, mais des Alleux le nomme François, de même
qu'une ancienne Généalogie de cette branche de la maison de Pontrouault que nous avons vue à là Biblio-

Page 34, même article, ligne 12. — *Au lieu de* : Olive de Pontrouault, *lisez* : Guillemette de Pontrouault.

Page 34, même article, ligne 15. — *Au lieu de* : messire Jean le Felle, *lisez* : messire Jean ou Olivier le Felle.

Page 34, note 1. — *Au lieu de* : Preuves pour la réformation de 1668, *lisez* : Archives de Landal.

Page 35, ligne 4. — *Ajoutez à la fin de l'alinéa* : — Elle est sans doute la même que Jeanne du Breil, qui fonda, en l'église d'Yvignac, une messe chantée à célébrer, à perpétuité, tous les samedis de l'année, fondation renouvelée par Raoul du Breil, seigneur du Chalonge, son neveu, le 12 novembre 1507[1].

Page 35, article BERTRANNE. — *Ajoutez à la fin de cet article* : Lequel François de Champeaux était vraisemblablement fils d'Armel de Champeaux, seigneur de la Touche-Abelin, qui vendit cette terre à François de Pontrouault, celui-ci fils de Catherine de Champeaux, et second mari de Jeanne du Breil, sœur de Bertranne. — Cet Armel de Champeaux possédait encore, en 1437, le manoir de la Rivière en Champeaux, et prétendait, en conséquence, la seigneurie de cette paroisse et les droits de fondation en l'église, au sujet desquels il transigea finalement avec le sire d'Espinay[2].

Page 35, article GILLETTE. — *Ajoutez à la fin de cet article* : Leur fille ou petite-fille paraît avoir été héritière de sa maison et mariée à Jacques de Bouillé, chevalier, seigneur de Pierrefontaine, qui possédait, en 1543, les terres de Rohémel et de Caver du chef de

thèque nationale et qui nous paraît de la main de d'Hozier, ce qui est conforme, du reste, à la réformation de 1513, où l'on trouve, paroisse de Cesson : « Le manoir de la Touſche-Abelin, appartenant à meſſire « Jean du Pontrouault, chevalier, fils de *François* du Pontrouault, lequel l'avoit acquis d'Armel de Champeaux & de Catherine de Champeaux, ſa ſœur. »

(1) Archives de Landal.

(2) *Pouillé de Rennes*, par l'abbé GUILLOTIN DE CORSON.

sa femme dont le nom n'est pas exprimé [1], lesquelles terres passèrent ensuite, par alliances, de la maison de Bouillé aux Glé de la Costardais, puis la Beaume-le-Blanc de la Vallière.

Page 40, article BERTRAND, ligne 2. — *Au lieu de*: 19 juillet 1560, *lisez* : 17 juillet 1560.

Page 41, ligne 6. — *Au lieu de* : Jeanne-Gillette DE LA MOTTE, *lisez* : Jeanne ou Gillette [2] DE LA MOTTE.

Page 41, ligne 8. — *Au lieu de* : Gillette du Quélenec, *lisez* : Gillette ou Guillemette du Quélenec, celle-ci fille de Jean du Quélenec, seigneur de Bienassis et de Catherine de la Marche.

Page 42, ligne 14. — *Au lieu de* : époux de Jeanne d'Yvignac, *lisez* : époux de Madeleine Gouyon de la Ville-aux-Oiseaux.

Page 42, ligne 16. — *Au lieu de* : en 1595, *lisez* : vers 1620.

Page 44, lignes 19 et suivantes. — *Au lieu de* : et sa veuve fut, à cette date, par acte d'autorité de la juridiction royale de Dinan, instituée tutrice de leurs enfants qui furent : *Lisez* : date à laquelle sa veuve fut instituée tutrice de leurs enfants, par acte d'autorité de la juridiction royale de Dinan ; elle-même mourut au Plessis-Chalonge, le 24 août 1616, et fut inhumée, le lendemain, dans l'église de Saints. — De leur mariage étaient nés :

Page 44, article JEAN. — *Au lieu de* : JEAN, qui fit la branche, etc., *lisez* : JEAN-CLAUDE qui fit, etc.

Page 44. — *Après* l'article JEAN, *ajoutez* :

3o [bis] ROLAND-JEAN du Breil, nommé dans l'institution de tutelle du 29 janvier 1590.

---

(1) Archives de Saint-Brieuc.

(2) Tous nos généalogistes, du Paz comme André du Chesne et des Alleux, l'appellent Jeanne, mais elle est nommée Gillette ou Guillemette dans les Preuves pour la Réformation et dans le contrat de mariage de sa fille Jeanne avec Gilles Ferron de la Ferronays.

Page 44, note 3. — *Au lieu de* : Preuves pour la réformation de 1668, *lisez* : Archives de Landal.

Page 46, ligne 5. — *Au lieu de* : Pierre Fleuriot, *lisez* : Jean Fleuriot.

Page 48, article JUDITH. — *Ajoutez à la fin de l'article* :

Judith du Breil épousa en secondes noces, le 3 juin 1646, en l'église de Carfantain, messire Jacques DANCEL [1], chevalier, seigneur de Pattos, au diocèse de Coutances, mariage dont on ne connaît pas d'enfants.

Page 49, première ligne. — *Après* : 1660, *ajoutez* : (mariage célébré, le lendemain, dans l'église de Ploubalay).

Page 49, lignes 12 et 13. — *Au lieu de* : la terre de Langevinière en Pleine-Fougères, possédée depuis par la famille de la Choüe de la Mettrie, *lisez* : la terre de Langevinière, avec droits de fondation et de supériorité en la paroisse de Saints, terre passée depuis, par alliances, aux Hüe de Montaigu et la Choüe de la Mettrie.

Page 50, article FERDINAND, première ligne. — *Après* : FERDINAND du Breil, *ajoutez* : baptisé en l'église de Tréveron, le 30 août 1651.

Page 51, avant-dernière et dernière lignes, et suivantes à la page 52. — *Au lieu de* : Elle avait un frère, Jean-Baptiste Goret, seigneur de la Talmanchère, et trois sœurs : Josseline Goret, mariée à Luc Seré, seigneur du Tertre-Barré, secrétaire du Roi; Marie Goret, épouse de François-Joseph Guillaudeuc, seigneur du Plessis-Guillaudeuc, et Françoise Goret, mariée à Louis de Trémereuc, comte de Largoüet, etc., *lisez* : Elle avait pour frères :

---

(1) DANCEL. — *D'or à la fasce de gueules, sommée d'un lion naissant de même et accompagnée en pointe de trois trèfles de sinople.*

Jean-Baptiste Goret, seigneur de la Talmanchère, et Étienne, seigneur de la Corbonnais, et pour sœurs : Marie-Jeanne Goret, femme de René Guillaudeuc, seigneur du Plessis-Guillaudeuc, et Françoise, mariée à Pierre Angot, seigneur de la Roche, puis à Louis de Trémereuc, comte de Largouët, et enfin à François-Joachim des Cartes, etc.

Page 53, *après l'article* LAURENT-GILLES, *ajoutez* :

> 3° MARIE du Breil du Chalonge, que l'on trouve, en 1710, religieuse ursuline à Dinan, était aussi, suivant toute apparence, fille de Claude-Judes.

Page 53, article JEAN-BAPTISTE-AUGUSTE, lignes 14 et 15. — *Au lieu de* : Anne Ferré lui survécut et mourut elle-même au Chalonge, le 7 janvier 1757, *lisez* : et sa veuve, décédée au même lieu, fut inhumée dans le chœur de l'église de Tréveron, le 7 janvier 1757.

Page 53, dernière ligne. — *Au lieu de* : en 1728, *lisez* : en 1727[1].

Page 54, ligne 2. — *Au lieu de* : épousa le 20 juin 1751, à Saint-Germain de Rennes, *lisez* : épousa le 29 juillet 1751, en l'église cathédrale de Rennes[2].

Page 54, article LAURENT-GILLES, lignes 2 et 3. — *Au lieu de* : naquit en 1612, épousa, en 1682, *lisez* : naquit en 1682[3], resta mineur sous la tutelle de sa mère en 1689, épousa vers 1715, etc.[4]

Page 55, ligne 2. — *Après* : dame de Keroman, *ajoutez* : aliàs dame de Rumelec[5].

---

(1) Elle est dite morte à soixante-six ans, le 6 novembre 1793.
(2) Par permission de l'évêque, suivant l'acte aux registres de la paroisse Saint-Germain.
(3) Il est dit âgé de sept ans dans l'acte d'institution de tutelle du 13 juin 1689.
(4) Cette correction annule celle des pages 345 et 346.
(5) Archives du Morbihan.

Page 55, article Toussaint-Nicolas, ligne 3. — *Au lieu de* : en 1712, *lisez* : vers 1716[1].

Page 55, même article, ligne 5. — *Après* : son cousin, *ajoutez* : passa, le 14 juin 1746, à Hennebont, un acte relatif à la succession mobilière de son frère[2], dans lequel il est dit habitant la paroisse de Louannec, près Lannion.

Page 56, article Jean-Baptiste-Toussaint, ligne 2. — *Après* : 1756, *ajoutez* : baptisé dans l'église d'Épiniac, le 5 juillet 1757.

Page 56, article Louis-Malo-Jean-Roland, ligne 3. — *Après* : 1752, *ajoutez* : y nommé, le 28 mai 1753.

Page 57, ligne 32. — *Après* : Louis-Malo, *ajoutez* : signa le Mémoire de la Noblesse bretonne au Roi, en date du 26 mai 1788.

Page 57, avant-dernière et dernière lignes. — *Au lieu de* : ne laissant qu'un fils, né de son premier mariage, qui suit : *lisez* : ayant eu deux enfants, savoir :

Du premier lit :

1° Louis-Pierre-Marie, qui suit.

Du second lit :

2° Françoise-Marie du Breil du Chalonge, née en 1788, décédée à Dol, le 4 avril 1792, à l'âge de quatre ans.

Page 58, article Louis-Pierre-Marie, ligne 2. — *Après* : 1782, *ajoutez* : tenu sur les fonts du baptême, en l'église de La Boussac, le 26 mars 1783, par messire Malo du Breil, seigneur de la Her-

---

(1) Il est dit âgé de soixante-trois ans dans son acte mortuaire du 6 juillet 1779.
(2) Archives du Morbihan, B, 2693.

pedais, et dame Marie-Geneviève Foucquer de Kersalio, comtesse douairière de Landal.

Page 61, première ligne. — *Après* : Plessis-Chalonge, *ajoutez* : Launay-Comatz, la Flaudière, Sévegrand, etc.

Page 61, ligne 10. — *Après* : 23 octobre 1628, *appel de note et note suivante* :

Cependant les registres de Pleine-Fougères rapportent la célébration de ce mariage au 2 octobré 1631.

Page 62, lignes 10 et 11. — *Au lieu de* : Il était mort avant la réformation de 1668, *lisez* : Il mourut à Rennes, paroisse Saint-Étienne, le 21 septembre 1646, et fut inhumé, le 31, en l'église de Pleine-Fougères.

Page 62, lignes 11 et 12. — *Au lieu de* : quatre enfants, *lisez* : six enfants.

Page 62, article CATHERINE, première ligne. — *Après* : 1634, *ajoutez* : marraine à Pleine-Fougères, le 11 novembre 1670, d'un jeune protestant qu'elle avait instruit et préparé à son abjuration.

Page 63, ligne 4. — *Au lieu de* : major garde-côtes, *lisez* : capitaine général des gardes-côtes.

Page 63, ligne 8. — *Ajoutez à la fin de l'alinéa* : et Luc-François, seigneur de Montlouët, père de François–Jean-Baptiste, comte de Montlouët, commissaire des États de Bretagne, qui fut le dernier de sa maison et mourut, en 1787, sans enfants de son mariage avec Françoise-Louise-Victoire-Marie de la Higourdais.

Page 63, article JEAN, ligne 2. — *Après* : 1635, *ajoutez* : tenu sur les fonts du baptême, le 14 octobre suivant, par Jeanne de Tudert, dame du Chalonge.

Page 63, même article, ligne 8. — *Au lieu de* : grand pénitencier de France, *lisez* : grand pénitencier de Paris.

Page 63, même article, ligne 9. — *Au lieu de* : duquel mariage sortirent sept enfants, *lisez* : Il mourut le 20 mars 1686, ayant eu de son mariage dix enfants.

Page 63. — *Rectifiez et complétez ainsi ce qui concerne les enfants de Jean du Breil et de Thérèse des Salles* [1] :

1º JEAN, qui suit.

2º ANNE du Breil, née en 1667, baptisée le 21 avril 1670, et inhumée à Pleine-Fougères, le 9 décembre 1671.

3º SYLVIE du Breil, née le 2 juillet 1668, mariée en l'église Saint-Germain de Rennes, le 28 janvier 1721, à Toussaint HENRY [2], seigneur DE LA PLESSE, veuf de Pélagie de Cornulier, dont il avait un fils, conseiller au Parlement. Demeurée veuve en 1748, elle mourut à Rennes, le 17 novembre 1752, et fut inhumée, le lendemain, en l'église Saint-Jean de cette ville.

4º CATHERINE du Breil, née le 8 janvier 1671, paraît au mariage de son frère, le 11 décembre 1671, et ne nous est pas autrement connue.

5º MARIE-ANNE du Breil, née et baptisée le 8 janvier 1673, eut pour parrain Paul de Brunnes, seigneur de Montlouët, son oncle, et pour marraine Marie Hubert, dame de la Massüe.

6º FRANÇOISE-JUDITH du Breil, née le 5 septembre 1674, et baptisée, le 15 octobre suivant, dans l'église de Pleine-

---

(1) Ces corrections annulent celles des pages 347 et 348 touchant les mêmes enfants.

(2) HENRY DE LA PLESSE. — *D'azur à la fasce d'argent, accompagnée de six étoiles d'or, 3 et 3, posées 2 et 1.*

Fougères, eut pour parrain François du Boisbaudry, seigneur de Trans, et pour marraine Judith de Talhouët, dame de Keravéon. — C'est peut-être elle que l'on trouve décédée à Pleudihen, le 4 juillet 1762, à l'âge de quatre-vingt-quinze ans, avec cette désignation : *Judith du Breil, demoiselle du Chalonge.* Il y aurait alors dans l'acte erreur de quelques années pour son âge.

7° RENÉE-JACQUEMINE du Breil, née et baptisée le 6 octobre 1675.

8° ANONYME du Breil, ondoyée le 6 décembre 1676, et décédée avant d'avoir été nommée.

9° HÉLÈNE du Breil, baptisée en l'église de Pleine-Fougères, le 23 mars[1] 1679, eut pour parrain René de la Noë, seigneur du Bos, et pour marraine demoiselle du Breil (probablement Sylvie, sa sœur).

10° ANNE-MARIE du Breil, baptisée à Pleine-Fougères, le 24 février 1684, eut pour parrain Julien-Judes de Brunnes, et pour marraine Catherine du Breil, sa sœur.

Il est probable que ces dernières moururent en bas âge ; elles ne nous sont connues que par leurs actes de baptême.

Page 65, ligne 7. — *Au lieu de* : duquel second mariage naquit une seule fille : *Lisez* : c'est probablement après sa mort que le

---

(1) Le 5 mars, suivant M. l'abbé Paris-Jallobert.

Plessis-Chalonge fut vendu, en 1709, à Claude Ruellan, baron du Tiercent, qui en fit sa résidence. — Il avait eu de son mariage une seule fille :

Page 65, lignes 8 et 9. — *Au lieu de* : héritière du Breil et du Plessis-Chalonge, *lisez* : héritière de Liauville.

Page 65, ligne 12. — *Après* : paroisse de Lanhélen, *ajoutez* : chevalier de Saint-Lazare et du Mont-Carmel, commissaire de la Noblesse aux États de Bretagne, fils de Henri Guéheneuc, capitaine de la Noblesse de l'évêché de Dol, et de Charlotte de Seré.

Page 68, ligne 2. — *Après* : éminentes charges, *ajoutez* : « ... car « il fut fénéchal de Rennes & juge univerſel de Bretaigne, & avoit « une compagnie de gens de pied pour le ſervice du Duc, en la « ville de Dinan, l'an 1483 [1]. »

Page 68, lignes 6 et 7. — *Au lieu de* : il était alloué de Rennes en 1459, assista en cette qualité, etc., *lisez* : il était alloué de Rennes le 18 juillet 1459, et fut, à cette date, avec le chancelier Chauvin, l'un des commissaires du Duc qui reçurent la déposition de Henri de Villeblanche, touchant le rôle de Jean Loysel, président de Bretagne, dans l'affaire du prince Gilles [2]; assista en la même qualité, etc.

Page 69, ligne 13 et suivantes. — *Au lieu de* : Il en fut de même, etc., *jusqu'à* : mais bientôt, etc., *lisez* : Une autre tentative de négociation, pour laquelle il fut encore commis, le 26 juin [3],

---

(1) André DU CHESNE.

(2) Dom MORICE, *Preuves,* t. II, col. 1741.

(3) Dom LOBINEAU, t. II, col. 1484. — Dom MORICE, *Preuves,* t. III, col. 533. — Nous rectifions ici une légère erreur qui nous semble avoir été commise par Dom Lobineau, et dans laquelle l'autorité de l'illustre Bénédictin nous avait d'abord entraînés nous-mêmes. Page 784 de son Histoire, il nomme comme ayant vacqué à cette négociation, dont l'échec aurait entraîné la demande de subsides faite aux États de Nantes, les ambassadeurs commissionnés seulement le 14 juillet : or, il suffit de remarquer que la communication du Duc aux États est du 12 juillet, pour se convaincre qu'elle vise une action diplomatique anté-

ne fut pas plus heureuse, et c'est alors que le Duc, sur le rapport que lui firent ses ambassadeurs de ce dernier échec[1], convoqua les États à Nantes et en obtint les plus larges subsides pour la continuation de la guerre, en même temps que, par lettres du 14 juillet[2], il donnait à Roland du Breil un nouveau mandat pour traiter de la paix, conjointement avec les comtes de Dunois et de Comminges, l'évêque de Cornouailles, le vicomte de Coëtmen, le vicomte du Fou, amiral de Bretagne, le sire de Coëtquen, Louis de la Haye, Guillaume Guéguen et Pierre Pouart ou Pinart; mais bientôt, etc.

Page 69, note 1. — *Au lieu de* : Dom MORICE, *Preuves*, t. III, col. 4. *Lisez* : Dom TAILLANDIER, p. 175.

Page 70, ligne 12. — *Au lieu de* : Coron, *lisez* : Coiron.

Page 72, ligne 6 et suivantes. — *Au lieu de* : fille unique de messire Olivier FÉRIGAT ou DE FÉRIGAT, qui jura fidélité au duc Jean VI, au premier rang des nobles de Dol, en 1437, et de dame Jeanne Husson, *lisez* : fille unique de messire Pierre[3] FÉRIGAT ou DE FÉRIGAT, seigneur des Hommeaux, et de Gillette Bodin[4], petite-fille de Robert de Férigat et de dame Jeanne Brun.

---

rieure, sans doute celle que poursuivirent les délégués du 26 juin, savoir : les comtes de Dunois et de Comminges, le vicomte de Coëtmen, le sire de Coëtquen, Louis de la Haye, Guéguen et du Breil. Quant au mandement du 14 juillet, nous pensons qu'il concerne les négociateurs du traité final signé à Coiron, le 21 août, bien que Roland du Breil, retenu par le soin de la défense de Dinan, n'ait pu prendre effectivement part à la conclusion de ce douloureux acte.

(1) Dom LOBINEAU, t. I, p. 784.

(2) Dom MORICE, *Preuves*, t. III, col. 583.

(3) Elle est dite ailleurs (Preuves de François du Breil de Rays), fille d'Olivier de Férigat et de Jeanne Husson, mais André du Chesne et des Alleux nous paraissent dans le vrai en lui donnant pour père Pierre de Férigat, lequel était seigneur des Hommeaux lors de diverses fondations par lui faites en l'église de Saint-Broladre, les 23 décembre 1451 et 9 juillet 1461. (Archives de M. le marquis de Saint-Genys.)

(4) Appartenant sans doute à la maison des seigneurs du Mottay, que du Paz appelle « une grande « et ancienne maison au pays dolois. »

Page 72, ligne 21. — *Après* : DE LA TOUCHE-A-LA-VACHE, *appel de note et note suivante* :

En l'appelant Guillemette *de la Tousche*, André du Chesne et du Paz paraissent avoir simplement reculé devant le nom peu gracieux de *la Vache*, qui est incontestablement le véritable, et qui d'ailleurs ne méritait pas ce dédain, car c'était celui d'une vieille race chevaleresque, qui, depuis les Croisades, ne cessa de figurer avec grand honneur dans notre histoire ; il s'est éteint au commencement du XVIᵉ siècle, vraisemblablement dans les Plorec, qui transmirent peu après le château féodal de la Touche-à-la-Vache aux d'Acigué de Grandbois dont il devint la principale résidence.

Page 73, article BERTRANNE, première ligne. — *Au lieu de* : 24 juin 1482, *lisez* : 4, *aliàs* 24 juin 1482.

Page 73, note 2. — *Au lieu de* : col. 554, 578, 580. *Lisez* : col. 574, 578, 580.

Page 74, article PERRINE, première ligne. — *Au lieu de* : le 16 mars 1489, *lisez* : par contrat du 16 mars 1489.

Page 74. — *Ajoutez à la fin de ce même article* : Il y a toute apparence que c'est elle qui épousa, en secondes noces, Simon DE BONNEFONTAINE, l'un des derniers représentants de l'ancienne maison de ce nom, nommé parmi les nobles de la paroisse de Cherrueix, à la réformation de 1513, avec « Perrine du Breil, « sa femme. »

Page 74, article MARGUERITE, première ligne. — *Après* : MARGUERITE du Breil, *ajoutez* : reçut partage noble aux successions de ses père et mère, le 1ᵉʳ mars 1507, par les mains de Guyonne de Pontbriand, veuve de son frère aîné[1], et fut, etc.

Page 74, article ETHAISSE. — *Ajoutez à la fin de cet article* : Elle est nommée dans le testament de son père pour un legs de vingt écus, et vivait ainsi que son mari, le 29 mai 1503, date d'un échange passé par tous les deux avec Alain Avoude, seigneur de la Hernoaie[2].

(1) Preuves de François du Breil de Rays.
(2) Bibliothèque nationale.

Page 77, ligne 22. — *Ajoutez à la fin de l'alinéa* : c'est probablement lui qui accompagna Jacques Cartier au Canada, dans son expédition de 1535, sous le nom de *M. de Pontbriand* [1].

Page 78, lignes 1 et 2. — *Au lieu de* : et mourut en avril 1547, âgé de quarante-neuf ans, sans laisser d'enfants de son mariage, *lisez* : Il mourut au Pontbriand, âgé de quarante-neuf ans, sans laisser d'enfants, et fut inhumé dans l'église de Pleurtuit, « le « pénultième jour de mars » 1547.

Page 79, article JULIENNE. — *A la fin de cet article, appel de note et note suivante* :

Il y a grande apparence que ce nom de Breniguet, ou plutôt *Berniguet,* a été dénaturé dans l'unique extrait qui nous le fournit (celui de l'acte de partage de 1538), et qu'au lieu de *Berniguet,* il faut lire *Bernyer.* Il est en effet, sous sa première forme, complètement étranger à notre pays, tandis que les Bernier, seigneurs du Lattay et de la Chapelle-Bernier, étaient prochement alliés des du Breil ; on vient de voir que l'aïeule maternelle de Julienne était de cette famille, et une autre Julienne du Breil, fille de Charles, seigneur de Plumaugat, avait épousé, vers 1495, Jacques Bernier, seigneur de la Chapelle et du Lattay. — Noter que la prononciation de Berniguet et Bernier est sensiblement la même, si l'on fait, comme certains, *Ber-ni-er* de trois syllabes.

Page 79, article OLIVIER, lignes 3 et 4. — *Au lieu de* : et mourut au cours de la dernière, en 1542, *lisez* : faisait partie de sa première expédition, partie de Saint-Malo, le 20 avril 1534 [2], et mourut, au cours de la dernière, en 1542.

Page 79, même article, ligne 8. — *Après* : Plélan, *ajoutez* : celle-ci, fille de Jean de la Bouexière, seigneur des Fossés, et de Simonne de Pontbriand.

Page 79, article JULIEN, première ligne. — *Après* : JULIEN, *appel de note et note suivante* :

Il paraît avoir porté aussi le prénom de JACQUES, sous lequel il signa l'acte de capitulation du Pontbriand, car on ne peut voir un autre que lui, commandant des troupes victorieuses, dans le *Jacques*

---

(1) MANET, *Malouins célèbres.*
(2) ID., *ibid.*, p. 41.

du Breil, premier signataire de cette capitulation, et, de même, Manet parle certainement de lui, quand il dit que, « en 1590, les troupes de Henri IV prirent le château du Guildo sur *Jacques Ray*, capitaine du « duc de Mercœur » (*Histoire de la petite Bretagne*, t. II, p. 464).

Page 80, lignes 11 et 12. — *Au lieu de* : ladite Madeleine transporta en la même qualité, etc., *lisez* : ladite Madeleine, en la même qualité, transigea, le 15 juin 1550, avec Jacques Visdelou, seigneur de la Goublaye, second mari de Gillette de Landujan, veuve de Roland du Breil, et transporta, etc.

Page 81, ligne 9. — *Ajoutez à-la fin de l'alinéa* : Il suivit avec ardeur le parti de la Ligue, et fut un des principaux lieutenants du duc de Mercœur, sous le nom de *capitaine Rays*; paraît avoir pris une part importante au siége du Guémadeuc[1], au mois d'avril 1590; commandait en chef à celui du Pontbriand, au mois de juin suivant, mais perdit, la même année, sa place du Guildo, qui lui fut enlevée par les troupes royalistes[2], et dans laquelle, toutefois, il rentra peu après.

Page 81, ligne 16. — *Après* : Bienassis, *ajoutez* : celle-ci, fille unique de Jean du Quélenec, seigneur de Bienassis, et de Gillette de Guémadeuc, sa première femme.

Page 82, ligne 5. — *Après* : du Bourbonnier, *ajoutez* : et, le 6 décembre 1588, de Guy de Rieux, sire de Châteauneuf, la seigneurie de la Garandière en Pleslin, pour 2,257 écus 2/3 d'écu.

---

(1) Nous croyons le reconnaître, en effet, dans le *capitaine Roy*, dont parlent Piré, Taillandier et Manet, comme ayant amené de Lamballe 300 hommes qui se joignirent aux troupes malouines du capitaine Frotet, et s'emparèrent du Guémadeuc, le/22 avril 1590. — Ce nom de *capitaine Roy* nous paraît une nouvelle dénaturation de celui de *capitaine Rays*, dont on a déjà vu que Manet avait fait *Jacques Ray*. De plus, l'expédition du Guémadeuc ressemble absolument à celle du Pontbriand, à une moindre résistance près ; ce sont les mêmes capitaines malouins qui en prennent l'initiative, et il est naturel de penser que leurs auxiliaires furent les mêmes dans les deux circonstances.

(2) MANET, *Histoire de la petite Bretagne*, t. II, p. 464.

Page 82, article JULIEN. — *Remplacez les premières lignes de cet article par ce qui suit* :

3° PIERRE du Breil[1], serait ce seigneur de la Gaudinais qui reçut le commandement, pour la Ligue, du château du Pontbriand, après la prise de cette place, en 1590[2]. On pourrait aussi lui appliquer ce que racontent, etc.

Page 83, article MATHURIN, ligne 10. — *Au lieu de* : sans postérité, *lisez* : dont postérité.

Page 84, lignes 2 et 3. — *Au lieu de* : capitaine et cornette d'une compagnie de cinquante chevau-légers, *lisez* : capitaine d'une compagnie et cornette de cinquante chevau-légers.

Page 84, ligne 4. — *Après* : 6 octobre 1615, *ajoutez* : et eut, dit du Paz, « beaucoup d'autres honorables et belles charges, sous les « rois Henri III et IV. »

Page 84, ligne 9. — *Après* : sur les troupes royales, *ajoutez* : avec Saint-Laurent, aidé « d'un corps de 2 000 hommes, tant Espa- « gnols qu'étrangers. »

Page 84, note 4. — *Ajoutez à la fin de cette note* : MANET, *Histoire de la petite Bretagne,* t. II, p. 464. — On a déjà vu que Julien du Breil, père de François, perdit le château du Guildo, en 1590, et le recouvra peu après. Cette place a donc été prise ou reprise quatre fois pendant la Ligue, ce qui explique l'énorme quantité de boulets trouvés, de nos jours, dans l'enceinte du château.

---

(1) L'acte de capitulation du Pontbriand, qui serait signé *Pierre de Gaudinais,* suivant dom Lobineau et dom Morice, l'est en réalité *Pierre du Breil de Gaudinais,* suivant le texte de l'ancienne collection des Blancs-Manteaux, vérifié par nous à la Bibliothèque nationale. — C'est de là que nous inférons l'existence de ce *Pierre,* dont le nom ne nous serait pas autrement connu. Nous devons dire cependant que François, depuis seigneur de Rays, porta aussi le titre de seigneur de la Gaudinais, du vivant de son père, mais il semble indubitable que, dans l'acte de capitulation, c'est lui qui est désigné sous le nom de *Monsieur de la Mallerie.* Quant au *Julien* nommé ici par Saint-Allais et quelques autres, il y a confusion évidente avec celui de la génération suivante, et il faut purement le supprimer à celle-ci.

(2) Dom MORICE, *Preuves,* t. III, col. 1511.

Page 86, ligne 4. — *Au lieu de* : frères et sœurs, *lisez* : frère et sœur.

Page 86, ligne 5. — *Au lieu de* : vendit la terre de la Gibonnaye, etc., *lisez* : vendit la terre de la Garandière à Thomas Chauchart, seigneur du Mottay, par contrat du 22 juillet 1599, et celle de la Gibonnaye, etc.

Page 86, ligne 14. — *Au lieu de* : laquelle était veuve, etc., *lisez* : fille de messire Jean Roquel, chevalier, seigneur des mêmes lieux, et de Marie Visdelou, petite-fille de Guillaume Roquel et de Marguerite de Trogof, laquelle Marie Roquel était veuve, etc.

Pages 86 et 87, article FRANÇOIS. — *Remplacez cet article par le suivant* :

2° THOMAS du Breil, seigneur de la Gaudinais, décédé sans alliance, et inhumé à Ploubalay, le 9 janvier 1613.

Page 87, article JULIEN, première ligne. — *Après* : seigneur de la Gaudinais, *ajoutez* : après son frère Thomas.

Page 87. — Supprimez la note 1.

Page 88, article FRANÇOISE, première ligne. — *Après* : FRANÇOISE du Breil, *ajoutez* : tenue sur les fonts du baptême, en l'église Saint-Sauveur de Dinan, le 4 janvier 1591, par messire Jean Maupetit, chevalier de l'Ordre du Roi, seigneur de la Ville-Maupetit, et haute et puissante dame Françoise de Coëtquen, dame de Saint-Laurent et du Bois de la Motte.

Page 88, article GUY, ligne 3. — *Après* : et le Boisjean, *ajoutez* : tenu sur les fonts du baptême, en l'église de Pleurtuit, le 6 janvier 1587, par messire Julien du Breil, chevalier de l'Ordre du Roi, seigneur du Pontbriand.

Page 88, même article, ligne 5. — *Après* : 17 mars 1617, *ajoutez* : est encore qualifié capitaine de cinquante hommes d'armes des Ordonnances[1].

Page 91, ligne 11. — *Au lieu de* : 10 janvier 1663, *lisez* : 10 février 1663.

Page 91, article François, première ligne. — *Après* : de la Grandville, *appel de note et note suivante* :

François du Breil ne paraît pas avoir possédé effectivement la seigneurie de la Grandville, dont il portait le titre, et qui, du moins, ne passa pas à ses descendants ; du reste, il était mort avant d'avoir reçu son partage ; celui qui fut donné à ses enfants comprenait sans doute les terres de Goazfroment, Kerpinson et Kergolleau, lesquelles venaient de Marie Roquel, mère de Marguerite Guégen et aïeule de Claude de Boiséon.

Page 93, ligne 17. — *Au lieu de* : le 9 juillet 1654, *lisez* : par contrat du 9 juillet 1654[2].

Page 96, ligne 3. — *Après* : 22 juin 1652, *appel de note et note suivante* :

Mariage célébré dans la chapelle de la Villerevault, le 2 juillet suivant, et béni par messire René du Plessis, conseiller du Roi.

Page 96, ligne 12. — *Au lieu de* : huit enfants, *lisez* : neuf enfants.

Page 96, article FRANÇOIS-CLAUDE, ligne 4. — *Après* : Cancaval, *ajoutez* : baptisé en l'église de Bréhand-Loudéac, le 18 septembre 1644, eut pour parrain François du Quengo, comte du Rocher et de Tonquédec, et pour marraine Claude de Boiséon, dame du Plessis-de-Rays, ses grand-père et grand'mère.

Page 97, ligne 3. — *Après* : le lendemain, *ajoutez* : jour de son inhumation dans l'église de Ploubalay.

Pages 97, 98, 99. — *Rectifiez et complétez ainsi ce qui concerne les enfants du second lit de Jean du Breil :*

_____

(1) *Chevaliers bretons de Saint-Michel*, par le comte D'HOZIER, etc.
(2) Mariage célébré le 12 du même mois, en l'église de la Chapelle-des-Fougerets.

3° François du Breil de Rays, né en 1653, et tenu sur les fonts du baptême en l'église de Bréhand-Loudéac, le 28 janvier 1654, par Jean l'Advocat, seigneur de Pinal, et Claude de Boiséon, dame de Rays, mort sans alliance avant le 14 août 1682 [1].

4° Guillaume-Dinan, dont l'article suit.

5° Jean-Baptiste-Anne du Breil de Rays, né en 1666, et tenu sur les fonts du baptême, en l'église de Bréhand-Loudéac, le 3 novembre 1670, par haut et puissant messire Jean-Baptiste du Plessis, chevalier, seigneur de Grenédan, Illifaut, etc., et dame Anne le Moine, femme de messire Michel Henry, seigneur du Quengo, épousa, vers 1700, Noëlle le MAIGNAN, dame du Marcheix, que l'on croit fille de Louis le Maignan, seigneur du Marcheix, marié en 1669 à Jeanne de Faye, issue d'une ancienne famille, originaire de l'évêché de Nantes, qui a produit, entre autres, Olivier le Maignan, garde des sceaux de Bretagne en 1457; mariage dont il eut un fils :

Laurent-Charles du Breil de Rays, né et baptisé à Guingamp, le 3 novembre 1701, etc.

6° René du Breil de Rays, né en 1668, et tenu sur les fonts du baptême, en l'église de Bréhand-Loudéac, le

(1) D'après la date de sa naissance, François du Breil était certainement l'aîné de Guillaume-Dinan, mais, non moins certainement, celui-ci restait aîné du second lit, à l'époque de la démission en sa faveur de son frère consanguin, l'abbé de Rays, double raison pour que François ne puisse être, comme on l'avait cru, ce *chevalier de Rays*, mort en 1690 ou 1692. — C'est sans doute lui que l'on trouve inhumé, le 13 août 1669, sous le nom de *François du Breil, seigneur comte de Rays,* en l'église Toussaints de Rennes, d'où son corps fut conduit à celle de Saint-Germain.

29 septembre 1671, par Guillaume-Dinan du Breil, chevalier, vicomte d'Estuer, son frère, et dame Marie Rousseau, femme de messire Sébastien de Pontual, président en la chambre des Comptes de Bretagne, est probablement le même que le *chevalier de Rays*[1], qui fut capitaine de dragons au régiment de Bretagne, par l'abandon que son frère Guillaume-Dinan lui fit de sa compagnie, et qui mourut en Italie, au service du Roi, en 1690 ou 1692[2].

7° CLAUDE du Breil de Rays, mariée, etc.

8° FRANÇOISE du Breil de Rays, dame d'Estuer, épousa, en l'église de Bréhand-Moncontour, le 22 juillet 1687, messire Pierre, *aliàs* Michel-Joseph DE KEROIGNANT, etc.

9° RENÉE-MARIE du Breil de Rays, épousa, etc.

Page 99, article GUILLAUME-DINAN, ligne 3. — *Au lieu de* : né au château d'Estuer, en 1657, *lisez* : né en 1655[3].

Page 99, article GUILLAUME-DINAN, ligne 10. — *Au lieu de* : François, *lisez* : le chevalier de Rays.

Page 101, ligne 11. — *Au lieu de* : 23 octobre 1720, *lisez* : 20 octobre 1720.

---

(1) Des Alleux fait cependant du chevalier de Rays, dont il ne donne pas le prénom, l'aîné de Jean-Baptiste, car il l'appelle « premier puîné. »

(2) Des Alleux dit 1692, et Saint-Allais 1690.

(3) Il est dit âgé de soixante-cinq ans, dans son acte mortuaire du 20 octobre 1720. — C'est probablement lui qui naquit à Saint-Lunaire (dans la famille de sa mère), le 16 février 1655, et fut nommé plus tard à Dinan. (PARIS-JALLOBERT, *Saint-Lunaire*.)

Page 101, ligne 22. — *Au lieu de* : y mourut en 1738, *lisez* : y mourut, le 17 avril 1738[1].

Page 104, ligne 4. — *Après* : le 10 octobre 1711, *ajoutez* : en l'église Saint-Aubin de Guérande.

Page 104, avant-dernière et dernière lignes. — *Au lieu de* : vers 1765, *lisez* : le 19 janvier 1765.

Page 106, article JEAN-BAPTISTE, ligne 11. — *Après* : août 1709, *ajoutez* : c'est de lui, sans doute, que parle Saint-Simon, sous le nom de *chevalier de Rays,* comme ayant été envoyé au Roi, en août 1709, pour lui rendre compte de la capitulation de Tournay, dont la citadelle seule se défendait encore péniblement contre les Impériaux[2].

Page 108, article CHARLES-MATHURIN, ligne 5. — *Au lieu de* : Louis Rogier, *lisez* : René Rogier.

Page 108, même article, ligne 7. — *Au lieu de* : François-Robine-Mauricette, *lisez* : Françoise-Robine-Moricette.

Page 111, article LOUISE-FRANÇOISE-CÉLESTE. — *Ajoutez à la fin de cet article* : elle était procureuse de ce monastère à l'époque

---

(1) Elle fut inhumée, ainsi que son mari, en l'église tréviale de Bringolo, où une pierre tombale en marbre noir porte, avec un écusson martelé, soutenu par des lions, l'inscription suivante :

Icy gissent
Messire Guillaume
Dinan du Breil, vivant
chevalier, seigneur comte de Rays
vicomte et seigneur de Goudelin
et Bringolo
baron du Bois-Jean
le Plessis-Balisson
et autres lieux, décédé le 20ᵉ
octobre 1720, âgé de soixante-cinq ans.
Et dame Françoise-Angélique
de la Monneraye, son épouse
décédée le... âgée de...
Requiescant in pace.

(2) SAINT-SIMON, *Mémoires*, t. IV, ch. IV.

de la Révolution et l'on a publié récemment ses lettres écrites, en 1791, au Directoire du département du Finistère[1].

Page 113, article CHARLES-GABRIEL, dernière ligne. — *Au lieu de* : laissant six enfants, savoir : *lisez* : et sa veuve est décédée elle-même, au château de Quimerch, le 23 décembre 1887, lui ayant donné six enfants, savoir :

Page 117, ligne 11. — *Au lieu de* : le 6 février 1655, *lisez* : par contrat du 6 février 1655.

Page 117, ligne 12. — *Au lieu de* : messire Jacques Ferron, *lisez* : feu messire Jacques, *aliàs* René[2] Ferron.

Page 119, article CHARLES-SÉBASTIEN, ligne 2. — *Au lieu de* : et de Poulandrez, *lisez* : de Poulandrez, des Chaucis, de Kermillon et de Kergadégan.

Page 119, même article, lignes 4 et suivantes. — *Au lieu de* : épousa vers 1685, etc. (*jusqu'à la fin de l'article*), *lisez* : épousa, le 2 mars 1683, en l'église de Néant, Anne-Agnès FAVIGOT[3], demoiselle du Bouëxis, fille de Yves Favigot, seigneur du Bouëxis et de la Villegohel, et de Renée-Agnès de la Monneraye. — Les Favigot, que Geslin de Bourgogne et Barthélemy appellent « ces « Jacques Cœur briochins, » étaient une riche et puissante famille, dont le nom se lit à chaque page de l'histoire de Saint-Brieuc, depuis le xve siècle.

De ce mariage naquirent :

Page 119, article N. du Breil. — *Ajoutez à la fin de cet article* : est sans doute le même que GUY-RENÉ du Breil de Rays, cheva-

---

(1) *Semaine religieuse de Quimper,* 1890.

(2) Il est appelé Jacques dans le contrat de mariage de sa fille et René dans la Généalogie de la Ferronnays.

(3) FAVIGOT. — *D'or à la fasce d'azur, chargée d'un croissant d'or, accostée de deux roses de même et accompagnée de trois grenades de même.*

lier de Pennelan, marié, le 26 juin 1730, en l'église de Mohon, à Anne-Julienne BOUDART[1], demoiselle du Bos, et inhumé, le 13 août 1756, dans l'église de la Trinité-Porhoët, sans qu'on lui connaisse de postérité.

Page 119, article RENÉ-JEAN, ligne 1. — *Après* : seigneur de Pennelan, *ajoutez* : baptisé en l'église de Néant, le 18 janvier 1692.

Page 121, lignes 8 et 9. — *Au lieu de* : le 2 juin 1653, *lisez* : peu avant le 2 juin 1653, date de sa sépulture dans l'église de Pleurtuit.

Page 122, article CLAUDE-FRANÇOISE, ligne 2. — *Après* : 25 juin 1676, *ajoutez* : et tenu sur les fonts du baptême, le 29 du même mois, par haut et puissant François du Breil, chevalier, comte de Rays, et haute et puissante dame Claude du Breil, comtesse de la Crochais.

Page 122, article MATHURIN, ligne 8. — *Au lieu de* : 17 août 1601, *lisez* : 17 août 1691.

Page 123, ligne 4. — *Au lieu de* : En secondes noces, il épousa, *lisez* : Resté veuf avant le 5 février 1690, il épousa, en secondes noces.

Page 123, lignes 7 et 8. — *Au lieu de* : fille de messire René des Nos, seigneur de Pontouraude, et de Renée de Neuville, *lisez* : que l'on croit fille de messire René des Nos, seigneur de Pontouraude, et de Perrine de Bréal.

Page 124, article GUY, ligne 11. — *Au lieu de* : Il avait épousé, en 1660, Marie PÉPIN, fille de N. Pépin, etc., *lisez* : Il avait épousé, à Saint-Malo, le 22 septembre 1658, Marie PÉPIN, fille de Jean Pépin, seigneur du Gué, sénéchal de Dinan, et de Marguerite Frotet, etc.

---

(1) BOUDART. — *De gueules à trois tourteaux d'hermines.*

Page 124, avant-dernière et dernière lignes. — *Au lieu de* : ayant eu sept enfants, tous nés à la Touche-de-Rays, savoir : *lisez* : ayant eu pour enfants :

Page 124, note 2. — *Ajoutez à cette note* : Il est qualifié *chevalier de l'Ordre du Roi*, dans divers actes de Pleurtuit, notamment au baptême de son fils, Jean-François, du 26 septembre 1666.

Pages 125 et 126. — *Complétez et rectifiez ainsi ce qui concerne les enfants de Guy du Breil et de Marie Pépin, à partir de Jean-François* :

2° JEAN-FRANÇOIS du Breil, seigneur de la Villebotherel, tenu sur les fonts du baptême, en l'église de Pleurtuit, le 26 septembre 1666, par Jean l'Advocat, seigneur de la Crochais, et Jeanne de Pontual, dame de Rays, capitaine d'infanterie, etc.

3° LOUIS-MATHURIN du Breil, né le 9 novembre 1673, et tenu, le lendemain, sur les fonts du baptême en l'église de Pleurtuit, par Louis du Breil, comte de Pontbriand, et Renée du Breil de Rays, dame de la Villebotherel, fut tué au service du Roi, étant enseigne de vaisseau, à la prise de Carthagène (Amérique), par le baron de Pointis, en 1697.

4° MARIE-GUYONNE du Breil, baptisée à Saint-Malo, le 18 mai 1659. — C'est probablement elle qui fut religieuse aux Bénédictines de Dinan.

5° MARGUERITE-RENÉE du Breil, baptisée à Saint-Malo, le 13 octobre 1660.

6° JULIENNE du Breil, baptisée à Pleurtuit, le 8 juin 1665.

7° JEANNE-JACQUEMINE du Breil, baptisée à Pleurtuit, en
1666, eut pour parrain Jean du Breil de Rays, et pour
marraine Jacquemine du Breil, dame de Géberge ;
épousa, en premières noces, le 18 décembre 1685, en
l'église de Pleurtuit, messire Gilles BOUAN, chevalier,
seigneur de la Lande-Bréfeillac en Saint-Potan, fils de
René Bouan, chevalier, seigneur de la Lande-Bréfeillac,
et de Hélène Ferrières ; était veuve en 1690, sans avoir
eu d'enfants de ce mariage ; devint héritière par la mort
de ses frères, et épousa, en secondes noces, etc.

8° HYACINTHE-BONNE, ou BONAVENTURE du Breil, née le
18 mai 1667, tenue sur les fonts du baptême, en l'église
de Pleurtuit, le 2 avril 1672, par messire François-
Hyacinthe de Visdelou, comte de Bienassis, et dame
Bonne de Nevet, comtesse de Pontbriand, inhumée à
Saint-Malo, le 7 juillet 1678.

9° GENEVIÈVE du Breil, baptisée à Saint-Malo, le 4 juillet
1670.

10° N... du Breil, ondoyée à Saint-Malo, le 24 février 1672,
et probablement morte peu après.

11° FRANÇOISE du Breil, baptisée à Pleurtuit, le 21 novembre 1673, ayant pour parrain messire François du Breil,
comte de Rays, et pour marraine dame Marguerite Pépin,
dame de la Gicquelais, inhumée à Pleurtuit, le 27 mars
1677.

Des Alleux nous dit que l'aînée des filles de Guy du Breil fut religieuse aux Bénédictines de Dinan, et que deux autres le furent à Sainte-Claire de la même ville, mais nous ne savons pas exactement quelles étaient ces dernières.

Page 128, note 4. — *Ajoutez à cette note* : — M. le comte de Palys croit que ce fut le capitaine la Roche (François du Breil, seigneur de la Roche-Colombière), qui fut chargé de conduire ce renfort ; nous nous permettons d'avoir un avis différent pour deux raisons :

1° Montmorency parle de 200 hommes dont le Roi « a chargé *le jeune Breil,* » ce qui nous semble indiquer naturellement le plus jeune des trois frères.

2° Si le capitaine la Roche réunit le gouvernement de Sercq à celui de Chausey, à partir de 1551, Jean du Breil en avait été pourvu antérieurement, puisqu'on lui trouve cette qualité le 7 février 1550 (1551 nouveau style), et il y a toute apparence que son frère confia précisément ces fonctions à celui qui venait de le secourir.

Page 129, ligne 21. — *Après* : Marguerite des Planches, *effacez* : de la maison du Liscoët.

Page 130, ligne 20. — *Au lieu de* : « ... saine d'esprit. » *lisez* : « ... saine de pensée. » *et ajoutez* : instituant pour exécuteurs testamentaires messire François du Breil, chevalier, gouverneur de Grandville, son beau-frère, et messire Jean de Châteaubriand, baron de Tannay, son frère.

Page 130, note 1. — *Ajoutez à cette note* :

Cependant l'abbé Paris-Jallobert (*Paroisse de Saint-Jouan des Guérets*) donne à Louise de Château-briand deux enfants, qui seraient nés du mariage des Nos, en 1550 (25 janvier) et 1551 (4 février) ; si ces dates ne sont pas celles de baptêmes très postérieurs aux naissances, son quatrième mariage n'aurait pas eu lieu avant 1552 ou 1553, et il serait impossible qu'elle fût mère de Jean du Breil, tué à la bataille de Dreux, en 1562 ; il faudrait alors supposer que celui-ci serait né d'un premier mariage de son père, resté ignoré, quoique ce soit absolument contraire à ce qu'énoncent du Paz et André du Chesne.

Page 131, ligne 8. — *Au lieu de* : où il livra un sanglant combat, *lisez* : où il opéra un débarquement à Boulay-Bay, et livra un sanglant combat.

Page 131, ligne 17. — *Au lieu de* : François Breil, *lisez* : François du Breil.

Page 139, avant-dernière ligne. — *Après* : le duc de Montpensier ; *ajoutez* : le 12 mars, c'est le duc d'Anjou qui lui écrit lui-même de lui amener sa compagnie d'hommes d'armes, « l'ayant « choifi pour l'affifter dans une miffion & entreprife qu'il avoit « faite. »[1]

Page 143, ligne 12. — *Après* : ne laissa pas de postérité, *ajoutez* : de Jeanne de Beaumanoir du Besso.

Page 143, ligne 15. — *Au lieu de* : Adrienne, *lisez* : Françoise, *aliàs* Adrienne.

Page 143, ligne 18. — *Au lieu de* : qui fit son testament, etc., *lisez* : veuve sans enfants de messire Augustin de la Haye, seigneur de Saint-Hilaire, laquelle fit son testament, etc.

Page 143, note 5. — *Ajoutez à cette note* : Certains auteurs regardent cependant cette famille comme différente de celle des seigneurs de Carcado, quoique non moins ancienne ; Courcy dit qu'elle tirait son nom de la charge héréditaire de sénéchal de Dol.

Page 145, lignes 15 et 16. — *Au lieu de* : fille de Louis, comte de Tessé, et de Louise d'Escoubleau de Sourdis, *lisez* : fille de Louis, sire de Froulay, auteur des comtes de Tessé, et de Louise de la Vairie.

Page 147, ligne 10. — *Après* : la même paroisse, *ajoutez* : acquit encore, de messire François de la Bouexière, le fief de la Cour-Baudouin, avec droit de quintaine, par contrat du 25 novembre 1571, et celui de Montfort, avec pareil droit, par contrat du 21 novembre 1573[2].

Page 147, note 7. — *Ajoutez à cette note* : Nous croyons donc que ce dernier nom est le véritable, malgré l'autorité d'André du Chesne et de des Alleux.

Page 148, lignes 1 et 2. — *Au lieu de* : 27 ou 28 juillet, *lisez* : 28 ou 29 juillet.

Page 148, ligne 6. — *Ajoutez à la fin de l'alinéa* : et vivait encore

---

(1) Preuves pour la réformation de 1668.
(2) Archives de M. le marquis de Saint-Genys.

le 2 mai 1590, date à laquelle il fut pourvu à la tutelle de Suzanne Uguet, sa petite-fille[1].

Page 148, ligne 20. — *Au lieu de* : 3° HÉLÈNE du Breil, etc., *lisez* :

3° FRANÇOISE [2] du Breil, nommée dans l'acte d'institution de tutelle des enfants de François du Breil, du 31 juillet 1576[3], épousa, vers 1578, messire Jean UGUET[4], que l'on croit fils de Henri Uguet, seigneur du Lupin, et de Françoise de Guitté, et, par conséquent, oncle du mari de sa sœur Hélène, ci-après ; on ne lui connaît qu'une fille, Françoise Uguet, baptisée à Saint-Coulomb, le 7 septembre 1579.

4° HÉLÈNE du Breil, erronément appelée Julienne, dans l'acte d'institution de tutelle du 31 juillet 1576, épousa, en premières noces, vers 1588, Louis UGUET, chevalier, seigneur du Lupin, du Hindré et de la Chapelle-Venelle, baptisé à Saint-Coulomb, le 11 septembre 1566, fils de Guillaume[5] Uguet, seigneur du Lupin, et de Josseline Bardoul, dame de la Bardoulaye[6], et petit-fils de Henri Uguet, seigneur du Lupin et de la Villegalbrun, et de

---

(1) Archives de la famille Carron de la Carrière.

(2) Elle a été omise par tous les généalogistes, probablement parce qu'elle n'eut pas d'enfants à lui survivre.

(3) Archives de la Bourbansais.

(4) UGUET. — *D'argent à deux croissants rangés et adossés de gueules.*

(5) Nous croyons que ce Guillaume est le même que Gilles Uguet, homme d'armes à la montre de Julien de Breil, seigneur de Pontbriand, du 7 mars 1569 (Dom MORICE, *Preuves*, t. III, col. 1303), qualifié, à cette date, seigneur du Lupin, et tuteur de la dame de Vaucouleurs (Anne de Guitté, héritière de Vaucouleurs, femme de Louis d'Espinay, marquis de Vaucouleurs).

(6) Elle paraît comme aïeule paternelle dans l'acte d'institution de la tutelle de sa petite-fille, Suzanne Uguet, du 2 mai 1590.

Françoise de Guitté, celle-ci fille de François de Rosnyvinen, dit de Guitté, et de Catherine de Châteaubriand.

Devenue veuve dès 1590[1], elle épousa, en secondes
noces, Jean DE LA PLACE, seigneur DE LA PRADE[2],
capitaine et gentilhomme périgourdin, probablement le
même que le *capitaine la Prade,* qui tua en duel le seigneur
de Saint-Hilaire, le 17 janvier 1591, et qui servait, sous
le prince de Dombes, dans les rangs royalistes, pendant
les guerres de la Ligue en Bretagne. Elle vivait encore
le 9 mars 1623, date à laquelle elle est marraine, à
Corpsnuds, de Bertrand du Chastellier, son petit-fils.

Elle n'eut pas d'enfants de son second mariage, et ne
laissa du premier qu'une fille, Suzanne Uguet, dame du
Lupin, héritière de la branche aînée de sa maison,
mariée : 1° vers 1617, à messire Olivier du Chastellier,
chevalier, seigneur du Chastellier et de Préauvé, fils de
Pierre du Chastellier, chevalier de l'Ordre du Roi, capitaine de 100 hommes d'armes, et de Nicole Anger de
Crapado, dont, entre autres enfants, Charles du Chastellier,
conseiller au Parlement, époux de Jacquemine Denyau,
et 2° après 1623, à Gabriel de Montbourcher, seigneur
de Trémereuc et du Bois de la Motte, chevalier de
l'Ordre du Roi, fils de François de Montbourcher,
seigneur du Bordage, et de Bonaventure de Bellouan,
sa seconde femme.

---

(1) Louis Uguet fut inhumé à Saint-Coulomb, le 26 avril 1590.

(2) C'est ainsi que le qualifie André du Chesne ; on le trouve ailleurs dit seigneur de la *Prade-
brune* ; mais ce prétendu nom a été emprunté à des Alleux, à tort, croyons-nous ; on a cru lire, en effet,
dans cet auteur : « elle épousa le seigneur de la *Prade brune,* capitaine, gentilhomme périgourdin », tandis
qu'un examen attentif du texte nous persuade qu'il faut le rétablir ainsi : « elle épousa le seigneur de la
« *Prade, brave* capitaine, gentilhomme périgourdin. »

Page 149, article JEAN, lignes 3 et 4. — *Au lieu de* : héritier, par son père, des seigneuries de la Roche, la Colombière, la Durantais et la Barre, *lisez* : héritier, par son père, des seigneuries de la Roche, la Colombière, la Cour-Baudouin, Montfort, la Durantais et la Barre, eut encore, de sa femme, celles du Buat, Saint-Mahé et la Chalopinaie.

Page 150, ligne 5. — *Ajoutez à la fin de l'alinéa* : — Son frère, Renaud de la Bouexière, époux d'Isabelle de la Croix, fut père d'Antoinette de la Bouexière, mariée, en 1615, à Jean Uguet, seigneur de Châteauville, cadet de la maison de l'Aumosne, auquel elle porta la seigneurie de la Fosse-au-Loup, restée à leurs descendants.

Page 152, article CHARLES, ligne 2. — *Après* : entra dans les Ordres, *ajoutez* : fut religieux bénédictin à Saint-Melaine de Rennes.

Page 153, ligne 6. — *Au lieu de* : Henri-Gabriel, *lisez* : René-Gabriel.

Page 153, article ANNE. — *Ajoutez à la fin de cet article* : laissant pour héritières ses deux sœurs, mariées, l'une, Anne-Françoise, à François-Constance-Claude de Lesquen, chevalier de la Ménardais, directeur général des Postes en Bretagne, l'autre, Renée, à Christophe Gouyon, seigneur de Beaucorps.

Page 154, lignes 12 et 13. — *Au lieu de* : Il avait épousé, avant 1635, Anne LE QUEU, fille d'Amaury le Queu, seigneur de la Rivière, *lisez* :

Il avait épousé, le 9 octobre 1628, à Cherrueix, Anne LE QUEU, fille d'Amaury le Queu, seigneur de la Rivière, et d'Anne Busnel, petite-fille d'Olivier le Queu et d'Amaurie du Han.

Page 155, article ANNE, lignes 2 et 3. — *Au lieu de* : mais ne nous est pas autrement connue, *lisez* : avait épousé, en avril 1654,

6

dans la chapelle des Hommeaux, René D'ARGENNES[1], seigneur de Maunières et de la Chattière, mais ne nous est pas autrement connue.

Page 157, ligne 8. — *Au lieu de* : 1° vers 1667, Louise GROUT, etc., *lisez* : 1° le 24 janvier 1662, à Saint-Malo, Louise GROUT, née le 2 juin 1636, fille de Jean Grout, seigneur de la Salmonnaye, et de Françoise Heurtault, etc.

Page 157, ligne 10. — *Au lieu de* : vers 1670, *lisez* : avant le 23 juillet 1669.

Page 157, ligne 15. — *Ajoutez à la fin de l'alinéa* : que l'on croit fille du second mariage de messire Gabriel Marie, chevalier, seigneur de la Higourdais, veuf, en premières noces, de Marguerite du Breil de la Motte-Olivet, et remarié à Bertranne de Rosnyvinen.

Page 159, ligne 4. — *Au lieu de* : 2 mars 1506, *lisez* : 2 mars 1507.

Page 160, lignes 12 et 13. — *Au lieu de* : Ville-ès-Marais, *lisez* : Ville-ès-Morais.

Page 160, article ROLAND, ligne 3. — *Au lieu de* : François de Launay, *lisez* : François ou Jacques de Launay.

Page 160, note 6. — *Remplacez cette note par la suivante* :

On était tenté de croire à une erreur pour le nom de Launay, en remarquant que les terres de Séréac et du Grand-Cleux appartenaient, au commencement du xvi⁰ siècle, à François de la Lande (et non de Launay), de la maison de Guignen, (DU PAZ, p. 703), que l'on supposait, d'après cela, père de Tiphaine, dite par du Paz et André du Chesne « héritière de Séréac »; mais, d'après une note communiquée par M. le marquis de Sécillon, un minu de la terre de Séréac, fourni en 1534, par suite du décès de *François de la Lande*, « par *Jacques de Launays*, son héritier principal, » fait voir que le nom de Launay était bien le véritable, et que, suivant toute probabilité, la femme de Roland du Breil était fille de ce Jacques de Launay, que l'on voit plus tard échanger la terre de Séréac avec François de Guémadeuc, et seulement petite-fille ou nièce de François de la Lande.

(1) Ce mariage nous est indiqué d'une façon indubitable par M. l'abbé Pâris-Jallobert, ce qui ferait, comme on va le voir, trois sœurs, Anne, Marie et Marie-Madeleine, ayant épousé trois d'Argennes; c'est peut-être beaucoup, d'autant plus que nous ne trouvons jamais mentionnées, parmi les filles de Jean, que deux « dames d'Argennes ». Nous ne sommes pas éloignés de supposer, d'après cela, que Marie ne serait pas différente de Marie-Madeleine, et aurait épousé : 1° Jean d'Argennes, 2° Robin Langlois, tandis que le mari d'Anne, René d'Argennes, serait le même que le d'Argennes anonyme, qualifié seigneur de Montmirel et regardé précédemment comme l'époux de Marie.

Page 163, ligne 13. — *Après* : « ...bonnes grâces... » *ajoutez* : Enfin le duc de Mercœur lui mande, le 22 avril 1585, qu'il se serait levé, en l'évêché de Saint-Malo, plusieurs personnes, suppo-sées mal intentionnées au service du Roi et au repos de l'État, ajoutant : « Vous ai voulu faire ce mot pour vous (dire), fi ainfi « eftoit, & au cas qu'ayez connoiffance qu'il fuft néceffaire d'affem- « bler la Nobleffe fujette au ban & arrière-ban dudit évefché, de « le faire, & au moyen d'icelle, leur courir fus... M'affeurant « de voftre très grand fervice & diligence, ne vous la ferai « plus longue que pour prier Noftre Seigneur de vous tenir en « fanté, Monfieur de Pontbriand, & longue vie... — Voftre bien « affectionné amy. EMMANUEL DE LORRAINE[1].

Page 163, note 2. — *Ajoutez à la fin de cette note* :

Nous croyons encore intéressant de donner cette lettre inédite de Bouillé, qui rend bien compte du demi-état de guerre auquel était alors livrée la Bretagne, et des perpétuelles alertes qui en résultaient :

« *A Meffieurs de Pontbriant & de Gué..., commiffaire & capitaine des gentilfhommes de l'evefché de* « *Saint-Malo.*

« Meffieurs, voïant que le comte de Montgommery eft tenu fi refferré dedans Domfront qui n'a « moïen d'en fortir pour nous venir faire guerre, & que,...., font venus à moi fe mettre d'eulx-mêmes en « l'obéïffance du Roy, je avife auffi d'aultre part, pour ne nous fatiguer fans befoing, de renvoïer tous « les gentilfhommes qui font..... & vous prie leur faire entendre que je fuys bien mary de les mander « fi fouvent, mais que ces guerres icy fe font comme l'occafion fe préfente, auxquels vous ordonneriez « qu'ils ayent néantmoins à fe tenir prêts au premier mandement, car je fuys encore adverty que, du « cofté de Nantes & Bas-Anjou, il y a apparence que fe veuille remuer quelque chofe, & de moy, « je fuys réfolu de ne laiffer allumer le feu fi grand en lieu où je commande, que je ne le puiffe bien « efteindre quand je vouldray. Vous favez que la négligence de n'y avoir bien pourvu de bonne heure « eft caufe du malheur que nous voïons aujourd'hui régner prefque partout les aultres provinces, duquel « je prie Dieu qu'il veuille garder cefte-cy, & que vous donne, Meffieurs, après m'eftre recommandé à « voftre bonne grâce, en bien bonne fanté, ce que plus défirez. — De Rennes, ce dix-feptième de « mars 1574. — Voftre bien affectionné coufin & amy. BOUILLÉ. » (Bibliothèque nationale. Fonds français. Bretagne. Tome I, f° 133).

Page 163, note 4. — *Ajoutez à la fin de cette note* :

Voici le texte même de cet acte (ainsi réfumé à la Réformation), tel que nous l'avons retrouvé à la Bibliothèque nationale (Fonds français, Bretagne, t. I, p. 47) : « ...... D'autant que, pour le fervice du Roy, « il a efté toujours retenu par MM. les gouverneurs de ce pays en cefte ville de Dinan, pour commander « à la garde & déffence d'icelle contre les entreprifes des ennemis & rebelles contre Sa Majefté....... & « que, dix & douze ans font & plus, & dès le temps des gens de bonne mémoire, les feigneurs d'Eftampes,

_____

(1) Bibliothèque nationale. Fonds français. Bretagne, t. I, f° 47.

« de Martigues & de Rieux, & encore à préfent, ledict fieur du Pontbriand a efté en eux & leurs fuc–
« ceffeurs gouverneurs, commis & député pour......... & a efté de telle diligence & vigilance, & fait fi
« bon devoir & acquit, que quelques entreprifes qui fe foient préfentées & offertes de la part des ennemis
« du Roy, n'ont forty à aucun effet...... »

Page 164, ligne 14. — *Au lieu de* : le 2 mai 1551, *lisez* : par contrat du 20 mars 1551 [1].

Page 164, note 2. — *Ajoutez à la fin de cette note* : Suivant le comte d'Hozier, l'admission de Julien du Breil dans l'Ordre de Saint-Michel serait antérieure de plusieurs années à la date de sa réception. Cet auteur cite, en effet, deux rôles de la Noblesse de l'archidiaconné de Dinan, des 25 et 26 mars 1567 et 10 octobre 1568, lui donnant dès lors la qualité de chevalier de l'Ordre du Roi.

Page 166, ligne 4. — *Au lieu de* : cette dernière rentrant ainsi, *lisez* : qui rentrèrent ainsi.

Page 166, ligne 5. — *Au lieu de* : dont elle était sortie, *lisez* : dont elles étaient sorties.

Page 166, ligne 12. — *Après* : Saint-Briac, *ajoutez* : pour lesquelles il rendit aveu au Roi, au mois de mai 1565.

Page 168, lignes 18 et 19. — *Au lieu de* : le lundi 2 mars 1587, à l'âge de soixante et onze ans, et fut inhumé, le 6, dans l'église de Pleurtuit, *lisez* : le jeudi 5 mars 1587, à l'âge de soixante-quinze ans [2], et fut inhumé, le lendemain, dans l'église de Pleurtuit [3].

Page 168, ligne 20. — *Au lieu de* : six fils et trois filles, *lisez* : sept fils et quatre filles.

(1) Mariage célébré le 2 mai, suivant Saint-Allais.

(2) On serait tenté de lire dans l'acte mortuaire : « Son âge eftoit de 95 ans. » Mais il est impossible d'admettre que Julien du Breil ait atteint une pareille vieillesse. Il faudrait en effet, dans cette hypothèse, qu'il se fût marié, pour la première fois, à cinquante-neuf ans, et, pour la seconde, aux environs de quatre-vingt-dix ! Il faudrait encore qu'il eût rempli activement, au moins jusqu'à quatre-vingt-treize, ses fonctions de gouverneur de Dinan et de commandant du ban et arrière-ban, qui n'étaient pas des sinécures par ces temps de troubles religieux; enfin que son père, Guyon du Breil, cinquième fils de Roland, se fût marié bien avant tous ses aînés. Ce sont toutes ces invraisemblances qui nous font supposer que l'on doit lire 75, au lieu de 95. — On verra bientôt, du reste, que les registres de Pleurtuit nous réservent encore d'autres sujets d'étonnement non moins bizarres et de nature à inspirer quelque défiance sur la teneur de certains actes.

(3) Suivant Habasque et divers ouvrages relatifs à l'histoire de Dinan, ses restes auraient été transférés dans l'église du couvent des Dominicains de cette ville, ce qui nous paraît vraisemblable, tant à cause de sa qualité de gouverneur de Dinan, que de la fondation du 27 septembre 1574, dont nous avons parlé.

Pages 168 et suivantes. — *Rectifiez et complétez ainsi ce qui concerne les enfants de Julien du Breil et de Marie Ferré.*

1° JEAN, qui suit.

2° GEORGES, auteur du rameau de la Garde.

3° JULIEN du Breil, seigneur du Boisruffier, baptisé en l'église de Pleurtuit, le 20 septembre 1558[1], transigea sur partages, etc.

4° PIERRE du Breil, baptisé à Pleurtuit, le 8 août 1562, et mort avant l'ouverture de la succession de sa mère, c'est-à-dire avant 1580.

5° ÉTIENNE-CLAUDE du Breil, seigneur de la Marche-Pontbriand, capitaine d'une compagnie de gens de pied, est nommé dans l'acte de partage du 7 mai 1587, prit part à la défense du Pontbriand en 1590, et fut compris dans le testament de son neveu René, seigneur de Pontbriand,

---

(1) Ici se rencontre une de ces étrangetés dont il semble qu'on chercherait en vain l'explication : Rien n'est mieux établi que le mariage de Julien, seigneur de Pontbriand, avec Marie Ferré ; on a vu les nombreux actes passés au cours de son existence, depuis le contrat du 20 mars 1551 ; on sait qu'elle vécut jusqu'en 1580, et le partage donné, le 7 mai 1587, à son fils Julien, seigneur du Boisruffier, par son aîné Jean, tous deux « fils de feus nobles et puissants messire Julien du Breil, chevalier de l'Ordre « du Roi..... et dame Marie Ferré, sa femme, » après avoir dit que « ladite dame Marie Ferré était morte « il y avoit environ sept ans », énumère les neuf enfants, vivants à son décès, qui participèrent à sa succession. Or, dans l'acte de baptême de ce fils, et dans un autre encore, celui de Pierre, la femme de Julien du Breil est appelée *Péronnelle de Guémadeuc*! — On sait que Péronnelle de Guémadeuc était la mère de Marie Ferré ; quelle confusion a pu s'établir entre elle et sa fille ? faut-il supposer que celle-ci aurait retenu le nom maternel comme une sorte de surnom ? une cause quelconque a-t-elle simplement troublé la cervelle du curé enregistrant ? ou les actes auraient-ils été rédigés après coup, sur des notes plus ou moins exactes, peut-être par un secrétaire peu au courant, qui aurait ainsi confondu les noms des comparants, mère et marraine, par exemple ? — Rien de tout cela n'est bien satisfaisant, étant donné surtout la double erreur ; et nous avouons ne pas avoir le mot de cette bizarre énigme. — Noter que les baptistères de plusieurs autres enfants de Julien et de Marie Ferré, tant à Pleurtuit qu'à Saint-Briac et à Saint-Sauveur de Dinan, n'offrent pas trace de cette erreur.

qui lui lègue le revenu de la maison et métairie du
Vaurouault, testament qu'il approuva lui-même, le
5 août 1617[1]. Il mourut sans postérité, au château de
la Crochais, et fut inhumé en l'église de Pleurtuit, le
8 mars 1632.

6° TANNEGUY, qui a formé le rameau de la Motte-Olivet.

7° LOUIS du Breil, nommé dans l'accord du 7 mai 1587,
comme vivant au moment du décès de sa mère, en 1580,
et mort avant celui de son père.

8° FRANÇOISE du Breil, mariée, en 1570, à messire Guillaume
L'ADVOCAT, seigneur de la Crochais, fils de Berthelot,
aussi seigneur de la Crochais, et de Marie Taillart, ne
vivait plus le 7 mai 1587, et laissa plusieurs enfants,
dont l'aîné, François l'Advocat, seigneur de la Crochais,
épousa, comme on l'a vu, Françoise du Breil de Rays.

9° PÉRONNELLE OU PERRONNE du Breil, baptisée à Pleurtuit,
le 20 juillet 1559, ne vivait plus à l'époque du décès de
sa mère.

10° JULIENNE du Breil, baptisée en l'église de Saint-Briac,
le 23 octobre 1569, eut pour parrain Jean du Breil,
probablement son frère aîné, et pour marraines Perronne
de Beaumanoir et Briande Hamon, celle-ci seconde
femme de Julien le Dos, seigneur de la Flairie; épousa,
le 13 mai 1587, François FERRON, seigneur de Boutron,

{1} Preuves de Jean-Baptiste Tanneguy du Breil de Pontbriand.

en Calorguen, qu'une ancienne généalogie de la maison de Ferron dit fils de Julien Ferron, seigneur de Boutron, et de *Julienne du Breil du Pin*[1], et petite-fille de Guillaume Ferron et de Offraise de la Moussaye. Elle eut pour fils Gilles Ferron, époux d'Esther le Vicomte, dont Françoise Ferron, demeurée fille unique, qui fut la dernière de la branche de Boutron, aînée de celle du Chesne, et épousa Esprit-Pierre d'Yvignac, seigneur de Lanjevinais et de la Motte-Beaumanoir.

11° GUILLEMETTE du Breil, baptisée à Pleurtuit, le 24 mai 1571, nommée dans l'acte du 7 mai 1587, comme vivante à cette date, et dont on ne sait autre chose.

Page 168, note 2. — *Ajoutez à la fin de cette note* : mais cette date nous paraît fautive, Julien du Breil portant dans l'acte la qualité de chevalier de l'Ordre du Roi.

Page 171, ligne 19. — *Au lieu de* : Claude-Jacques, *lisez* : Claude.

Page 172, ligne 6. — *Au lieu de* : à Julien du Breil, seigneur de la Gaudinais, *lisez* : au seigneur de la Gaudinais, son cousin.

Page 172, ligne 12. — *Au lieu de* : Pontbriant, *lisez* : Pontbriand.

Page 172, lignes 17 et suivantes. — *Au lieu de* : ses autres propriétés, etc. (*Jusqu'à la fin de l'alinéa*), *lisez* : et, dit la requête portée en 1596, devant le connétable de Montmorency, contre Guillaume le Fer, sieur de Graslaron, Michel Frotet, sieur de la Bardelière, et Jean Pépin, sieur de la Belinais, capitaines des milices de Saint-Malo et Dinan, « après avoir demantelé ladite maison, « icelle démolie & ruinée, ils prirent, pillèrent & ravagèrent tous

(1) Nous ne connaissons pas cette Julienne du Breil, qu'il faudrait chercher dans la branche de Plumaugat et du Pin, s'il n'y avait là très probablement une erreur. En effet, elle ne pouvait être fille de Roland, seigneur de Plumaugat et du Pin, sans quoi elle eût été héritière de sa branche, et les dates ne permettent pas non plus de l'identifier avec Julienne, fille de Charles et femme de Jacques Bernier.

« les biens meubles, munitions & provifions du fuppléant, avec
« toutes les richeffes que fes défunts père & mère luy avoient
« laiffées, enfemble, grand nombre de blé amaffé audit lieu & toutes
« les lettres, titres & enfeignements des maifons & affaires du
« fuppliant..., tous les beftiaux & hoirs de fes métairies, & iceluy
« empefché en la jouiffance de tous fes biens, le tout à la valeur
« de 40,000 efcus, fans comprendre les démolitions & abats de
« bois qu'ils firent fur ladite maifon, à la valeur de plus de
« 2,000 efcus, & emmenèrent un vaiffeau appartenant audit fup-
« pliant, toutes fes armes & munitions..... torts, dommages & in-
« térêts..... qu'il eftime à plus de 50,000 efcus [1]. »

Page 173, lignes 1 et 2. — *Au lieu de* : il tomba au pouvoir
des rebelles, fut emmené par eux à Vannes, etc., *lisez* : il paraît
avoir été fait prisonnier par les rebelles et emmené par eux à
Vannes [2], etc.

Page 173, ligne 7. — *Après* : 7,000 écus de rançon, *appel de note
et note suivante* :

La requête de Jean du Breil contre Saint-Laurent dit que celui-ci l'avait retenu prisonnier en la ville
de Dinan et « inhumainement traité contre les droits de la guerre, deux ans et plus. » Quant à la date de
cette seconde ou troisième captivité, on trouve un sauf-conduit du 6 novembre 1594, par lequel le duc de
Mercœur mande « à tous gouverneurs, capitaines, chefs, conducteurs de gens de guerre..... de laiffer
« paffer & repaffer..... furement & librement..... le fieur du Pontbriand, luy....., avec fon équipage, allant
« & venant de plufieurs endroits, où bon luy femblera, pour fes affaires particulières,..... pour le temps de
« deux mois feulement, à la charge de ne commettre aucun acte d'hoftilité contre le party de l'Union. »
(Bibliothèque nationale. Fonds français. Bretagne, t. III, fº 48). — Si, comme il semble, ce sauf-conduit
fut délivré à Pontbriand, pendant qu'il était aux mains des Ligueurs, le début de sa captivité se placerait
entre le mois de mars et le mois de novembre 1694, et le pauvre prisonnier, après avoir été l'objet d'un
traitement très différent de l'*inhumanité* de Saint-Laurent, aurait bien perdu à changer de verroux. Ce qu'il
y a de certain, d'après une lettre de la chancellerie de Bretagne du 5 mars 1608 (Preuves pour la réforma-

---

[1] Dom MORICE, *Preuves*, t. III, col. 1511-1512.
[2] Il y a cependant quelques raisons de croire que la prison de Vannes ne fut que la continuation de
celle du Guildo. L'extrait d'un Mémoire cité aux Preuves de la Réformation porte, en effet, que Jean du
Breil « fut pris prifonnier & mené à Vannes d'où il fe fauva, fit une entreprife fur Dinan, & fut *une feconde
« fois* pris prifonnier, allant à un rendez-vous que le fieur de Molac luy avoit donné pour quelqu'entreprise
« touchant le fervice du Roy, etc. » Ces termes « une seconde fois », s'appliquant à la captivité de Dinan,
semblent bien indiquer qu'elle ne fut pas précédée de deux autres, mais d'une seule.

tion de 1668), c'est qu'il n'était pas tombé d'abord aux mains de Saint-Laurent, mais que « il fut pris portant « les armes pour le fervice du Roy, par les ennemis de Sa Majefté, qui le *vendirent* au fieur de Saint- « Laurent, lequel exigea de luy fept mille efcus de rançon. » — Le Mémoire cité à la Réformation parle d'une rançon de 30,000 livres.

Page 175, ligne 17. — *Après* : devenu veuf, *ajoutez* : avant le 7 mai 1587.

Page 175, ligne 18. — *Au lieu de* : héritière de Launay-Comatz, veuve elle-même, etc., *lisez* : fille et héritière de Jean de Launay, chevalier, seigneur de Launay-Comatz, et de Jeanne Eder, de la maison de Beaumanoir-Eder, laquelle Julienne était veuve elle-même, etc.

Page 176, article FRANÇOISE, ligne 5. — *Au lieu de* : le 6 août 1596, *lisez* : par contrat du 6 août 1595.

Page 176, même article, lignes 8 et 9. — *Au lieu de* : les terres du Boisruffier et du Pontbriand en Saint-Lunaire, celle-ci appelée, etc., *lisez* : la seigneurie du Pontbriand en Saint-Lunaire, appelée, etc.

Page 177, article RENÉ, ligne 2. — *Après* : Richebois, *ajoutez* : Vaucouleur-en-Corseul, le Boisruffier.

Page 179, lignes 15 et 16. — *Au lieu de* : au contrat de mariage de sa fille Renée, du 8 juillet 1639, *lisez* : dans une transaction du 11 janvier 1635[1], dont il sera question plus loin.

Page 180, dernière ligne. — *Au lieu de* : 17 août, *lisez* : 17 avril.

Page 182, note 2. — *Ajoutez à la fin de cette note* : L'aveu même de 1556 porte encore : « les maison, manoir, etc... sis au lieu de la Mettrie en Pleurtuit. » Pour la première fois, celui de 1565 ajoute : « au lieu de la Mettrie, autrement appelé le Pontbriand. »

Page 183, ligne 21. — *Après* : « ... Sadite Majefté & à elle... » *ajoutez* : « ... en plufieurs fièges, batailles & rencontres impor- « tantes... »

Page 184, note 3. — *Ajoutez à la fin de cette note* : Ces prééminences paraissent avoir été partagées, dans l'origine, avec la seigneurie de Richebois, pour Pleurtuit, et celle de

_____

(1) Preuves de Henri du Breil de Pontbriand.

7

la Houlle, pour Saint-Briac, ces deux seigneuries réunies depuis à celle du Pontbriand. Au contraire, les mêmes droits, possédés longtemps sur la paroisse de Saint-Lunaire, passèrent aux seigneurs de Pontual, avec le domaine du Petit-Pontbriand, par le mariage de Françoise du Breil avec Jean de Pontual.

Page 186, ligne 3. — *Au lieu de* : Iffyniac, *lisez* : Yffiniac.

Page 186, dernière ligne. — *Après* : page de la reine Marie de Médicis, *ajoutez* : en 1630.

Page 189. — *Remplacez l'article* Renée *par celui-ci* :

6º Renée du Breil de Pontbriand, baptisée à Pleurtuit, le 10 mars 1618, eut pour parrain François du Boisbaudry, chevalier de Malte, et mourut en bas âge.

Page 189. — *Remplacez l'article* Yvonne *par celui-ci* :

7º Autre Renée du Breil de Pontbriand, née au Pontbriand, le 2 juin 1620, « environ le point du jour », et tenue, le même jour, sur les fonts du baptême, en l'église de Pleurtuit, par messire Pierre, baron de Beaufort, chef de nom et d'armes de Châteaubriand, et Renée Gouyon, dame de Launay-Comatz, épousa, par contrat du 8 juillet 1639, messire Jean de SAINT-GILLES, chevalier, seigneur de Perronay, fils de feu noble et puissant Gilles de Saint-Gilles, seigneur de Perronay, et de Louise Thomas de la Caunelaye. — Elle eut en dot 30 000 livres, suivant l'acte de partages du 13 juin 1648, et mourut au château de la Durantais, le 26 avril 1713, « dans de grands sentiments de piété, dans sa quatre-« vingt-treizième année[1]. »

(1) D'après l'âge exprimé dans son acte mortuaire, on ne peut douter que Mme de Saint-Gilles fût la seconde des deux sœurs du même prénom de Renée, erronément appelée Yvonne dans quelques mémoires, suivant que nous l'avons vérifié aux registres de Pleurtuit.

Page 189, dernière ligne. — *Au lieu de* : JACQUEMINE, *lisez* : JACQUEMINE-ANGÉLIQUE, *et au lieu de* : née vers 1622, *lisez* : née vers 1630[1].

Page 190, lignes 9 et 10. — *Au lieu de* : une fille unique, *lisez* : un fils, Gabriel-Anne, époux de Marie-Thérèse Raoul de la Guibourgère, et une fille.

Page 190, lignes 11 et 12. — *Au lieu de* : mourut à Rennes, le 11 avril 1696, *lisez* : mourut à Rennes, paroisse Saint-Étienne, le 11 août 1696.

Page 195, article LOUIS, ligne 6. — *Au lieu de* : au même évêché, *lisez* : aux évêchés de Saint-Malo et Saint-Brieuc.

Page 198, ligne 14. — *Après* : « nombre infiny de peuple. » *Appel de note et note suivante* :

Les registres de Pleurtuit rapportent ainsi l'ordre complet de ces funérailles :

« Le 30 may 1698, haut & puiſſant ſeigneur meſſire Louis du Breil, chevalier, comte de Pontbriand, « ſeigneur ſupérieur & fondateur des paroiſſes de Pleurtuit, Saint-Briac & Saint-Carné, capitaine garde-« coſtes, gouverneur de l'iſle & fort des Ebihens, décéda en ſon chaſteau du Pontbriand, ſur les ſept « heures du ſoir. Le 31 mai, ſon corps fut tranſporté en la ville de Dinan, conduit par les recteurs de « Pleurtuit & de Saint-Briac, & accompagné de grand nombre de Meſſieurs de la Nobleſſe, pour y eſtre « inhumé ſuivant les diſpoſitions de ſes dernières volontés, dans l'église des Révérends Pères Domini-« quains de ladite ville, dont le clergé des deux paroiſſes & les communautés régulières vinrent recevoir le « corps hors les portes de la ville, & le conduiſirent, avec les prières & cérémonies ordinaires, dans ladite « égliſe des Révérends Pères Dominiquains, où, tous les ſervices eſtant faits, il demeura au milieu du « chœur de ladite égliſe juſqu'au lendemain, 11 heures du matin, où, le même clergé ſéculier & régulier « ſ'eſtant rendu, & l'office & la meſſe des morts chantés par ſon recteur de Pleurtuit, il fut inhumé dans la « chapelle de la Sainte-Vierge, etc. »

Page 199. — *Ajoutez à la fin du premier alinéa* : Joseph-Yves du Breil, d'après les biographes de la comtesse de Pontbriand, sa pieuse femme, était un seigneur plein de mérite et d'esprit ; il paraît qu'il cultivait aussi les sciences, car les *Mémoires de l'Académie des Sciences,* année 1706, rapportent des observations

---

(1) Elle est dite âgée de soixante-six ans dans son acte mortuaire du 11 avril 1696, d'où il résulte, sauf erreur dans cet acte, qu'elle aurait été mariée à dix ans, ce qui, d'ailleurs, était encore assez dans les usages de cette époque.

météorologiques faites par lui, au château du Pontbriand, en 1704 et 1705[1].

Page 199, ligne 22. — *Au lieu de* : par contrat du 18 mai 1696, *lisez* : par contrat du 10 mars 1696 [2], constituant à la future épouse une dot de 5 000 livres de rente.

Page 200, lignes 13 et 14. — *Au lieu de* : marié dans la maison de Pontual, *lisez* : marié à Marie-Prudence DE PONTUAL.

Page 205, ligne 21. — *Au lieu de* : dessin, *lisez* : dessein.

Page 205, article GUILLAUME-MARIE, avant-dernière ligne. — *Au lieu de* : l'abbé Lanvaux, *lisez* : l'abbé de Lanvaux.

Page 206. — *A la liste des ouvrages de l'abbé de Lanvaux, ajoutez* :

5° *De l'assistance du Tiers aux Etats de Bretagne.* — Manuscrit de la Bibliothèque de Rennes.

Page 206, dernière ligne. — *Au lieu de* : baptisé dans la chapelle du Pontbriand, le 3 septembre 1701, *lisez* : ondoyé dans la chapelle du Pontbriand, le 3 septembre 1701, nommé à Pleurtuit, le 25 octobre 1705.

Page 207, *après l'article* LÉON, *ajoutez celui-ci* :

4°[bis] CLAUDE-YVES-BERTRAND du Breil de Pontbriand, né le 30 janvier 1704, ondoyé dans la chapelle du Pontbriand, et baptisé, le 20 avril, en l'église de Saint-Briac, mourut en bas âge.

Page 209, ligne 14. — *Au lieu de* : in-18, *lisez* : in-12. Réimprimé en 1751, 1755, 1758, 1763, 1789 et 1816.

---

(1) MANET, *De l'état ancien et actuel de la baie du Mont-Saint-Michel*, p. 147.
(2) Mariage béni le 14 mars.

Page 211, ligne 12. — *Après* : 7 juin 1760, *appel de note et note suivante* :

La lettre de l'abbé de l'Ile-Dieu, citée plus bas, dit : « le 8 juin ».

Page 211, note 2. — *Ajoutez à la fin de cette note* : Cette lettre est du 5 août 1760, ce qui suffit pour réfuter l'assertion de l'*Annuaire des Côtes-du-Nord*, de 1844, suivant laquelle l'évêque de Québec serait mort seulement le 7 juin 1763.

Page 212, article MARIE-ANGÉLIQUE-SYLVIE-LOUISE, lignes 2 et 3. — *Au lieu de* : baptisée dans la chapelle du Pontbriand, le 17 novembre 1703, *lisez* : ondoyée dans la chapelle du Pontbriand, le 27 novembre 1702, et tenue sur les fonts du baptême, en l'église de Pleurtuit, le 12 octobre 1711, par deux pauvres honteux.

Page 213, article LOUIS-CLAUDE, ligne 6. — *Au lieu de* : Dinan, *lisez* : Dinard; *après* : la Vicomté, *ajoutez* : chevalier de l'Ordre royal et militaire de Saint-Louis, *et, au lieu de* : naquit en 1697, *lisez* : né à Dinan, le 7 janvier 1697, et baptisé le lendemain, en l'église Saint-Sauveur de cette ville, eut pour parrain le comte de la Garaye, son oncle, et pour marraine, Bonne de Névet, comtesse de Pontbriand, sa grand'mère.

Page 214, lignes 15 et 16. — *Au lieu de* : et subsista jusqu'en 1764, *lisez* : dont la comtesse de Pontbriand fut héritière[1].

Page 214, ligne 20. — *Au lieu de :* 17 avril 1749, *lisez* : 17 février 1749[2].

Page 215, article ANNE-SYLVIE-CLAUDE, ligne 3. — *Supprimez* : appelée *Mademoiselle de Broons*.

Page 215, même article, lignes 15 et 16. — *Au lieu de* : eut en outre la terre du Pin et la vicomté de Kerinan; *lisez* : eut en outre la vicomté de Kerinan et la terre d'Yvignac, de la succession

(1) La comtesse de Pontbriand hérita en effet, en 1747, des biens de la branche de Vaucouleurs, par la mort de son frère, Barthélemy, sire et marquis d'Espinay; mais le nom fut continué pendant quelques années encore par un frère de son père, né d'un second mariage, qui prit le titre de marquis d'Espinay, à la mort de son neveu, et mourut sans postérité en 1764.

(2) Elle fut inhumée le lendemain, dans le chœur de l'église d'Yvignac.

maternelle, et, par acquêt de son frère, la terre du Pin en Saint-Carné.

Page 215, même article, ligne 21. — *Au lieu de* : Pélagie de Bruc, *lisez* : Anne-Constance de Bruc.

Page 216, article CLAUDE-TOUSSAINT-LOUIS, lignes 15 et suivantes : — *Au lieu de* : dont il eut lui-même les terres et seigneuries de la Motte-Olivet et du Boisruffier, de Taden, la Garaye, Beaufort-en-Dinan et les Alleux, ces quatre dernières érigées en vicomté, sous le nom de la Garaye, par lettres patentes de décembre 1664, puis en comté, avec annexion de la dite châtellenie de la Motte-Olivet et du Boisruffier, par nouvelles lettres, etc., *lisez* : dont il eut lui-même les terres et seigneuries de Taden, la Garaye, Beaufort-en-Dinan et les Alleux, érigées en vicomté, sous le nom de la Garaye, par lettres patentes de décembre 1644, puis en comté, par nouvelles lettres, etc.

Page 217, lignes 13 et 14. — *Au lieu de* : N. Bahuno du Liscoët, *lisez* : François-Louis du Bahuno, comte du Liscoët.

Page 218, ligne 11. — *Après* : seulement la jouissance, *appel de note et note suivante* :

La terre du Boisruffier fut vendue le 2 juillet 1778 ; celle de la Garaye, le 9 novembre suivant, à Rose de Larlan, marquise douairière des Nétumières, pour la somme de 277,177 livres, et celle de la Motte-Olivet, le 18 décembre de la même année, à Jean-François le Nepveu de Crenan et Claude Péan, son épouse, pour 157,257 livres 13 sous 4 deniers, compris quelques aliénations partielles à divers pour 8,446 livres.

Le domaine féodal du Pontbriand fut vendu, le 2 mai 1781, à Toussaint Briot, sieur de la Gautrais, pour 164,200 livres, sous la réserve des droits honorifiques, droits de juridiction, droit de chasse et du revenu de quelques bailliages, à la vie du marquis de Pontbriand. Le domaine utile de la même terre fut vendu séparément, par acte du 12 juin 1781, à noble homme Benjamin Dubois, pour la nue propriété seulement, l'usufruit demeurant au marquis et à la marquise de Pontbriand, leur vie durant, outre quelques réserves telles que celles de l'île Agot et de l'île des Ebihens, cette vente faite pour 111,000 livres de principal, dont une partie convertie en une rente viagère de 8,100 livres, à servir par l'acquéreur aux seigneur et dame de Pontbriand, jusqu'au décès du dernier survivant.

Page 218, ligne 12. — *Au lieu de* : au château du Pontbriand, *lisez* : à Falaise, paroisse de Guibray.

Page 222, ligne 6. — *Au lieu de* : épousa en 1739, *lisez* : épousa le 8 août 1739, en l'église Saint-Eustache, à Paris.

Page 222, article Hyacinthe-Marie-Malo, ligne 2. — *Après* : 1744, *ajoutez* : page du Roi en 1760, puis, etc.

Page 223, article Jean-Malo-Hyacinthe, ligne 4. — *Au lieu de* : le 31 janvier 1743, *lisez* : le 30 janvier 1743, et fut baptisé le lendemain, en l'église Saint-Mathieu.

Pages 223, dernière ligne, et 224, première ligne. — *Au lieu de* : il fit encore partie du corps expéditionnaire qui ne put débarquer à Quiberon, *lisez* : fut chargé par les Princes de diriger à Jersey le service de correspondance avec les Insurgés bretons, puis de recruter l'un des corps destinés à l'expédition de Quiberon ; fit lui-même partie de cette expédition, et fut attaché, comme officier d'état-major, à la division de Tinténiac, qui échappa au désastre des autres corps par sa marche au centre de la Bretagne ; rentra en France, etc.

Page 224, article Marie-Hyacinthe-Anne-Françoise-Maclovie, ligne 2. — *Après* : 25 septembre 1772, *ajoutez* : baptisée à Saint-Germain-sur-Ille, le 19 janvier 1774.

Page 224, même article, lignes 11 et 12. — *Au lieu de* : à Montfort-sur-Meu, le 12 septembre 1847, *lisez* : à la Touche-Larcher, le 5 octobre 1847.

Page 224, article Félicité-Judith-Jeanne, ligne 2. — *Au lieu de* : le 30 du même mois, *lisez* : le 31 du même mois.

Page 225, article Corentine-Rosalie-Louise-Marie, ligne 2. — *Au lieu de* : le 24 août 1775, *lisez* : le 25 août 1775, baptisée à Saint-Germain-sur-Ille, le 11 septembre 1776.

Page 225, article Angélique-Félicité-Marie, ligne 2. — *Après* : 1er mai 1779, *ajoutez* : baptisée à Saint-Germain-sur-Ille, le 20 avril 1784.

Page 226, article Brigitte-Marie-Andrée, ligne 2. — *Après* : 30 novembre 1780, *ajoutez* : baptisée le 1ᵉʳ décembre suivant, à Saint-Germain-sur-Ille.

Page 229, article Louise-Marguerite, ligne 5. — *Au lieu de* : Hélan, *lisez* : Hélen.

Page 231, ligne 3.—*Au lieu de* : un frère, *lisez*, deux frères, *et après* : marquis de Perronay, *ajoutez* : marié à Marie-Angélique de Trécesson.

Page 231, ligne 4. — *Au lieu de* : et une sœur, Jeanne-Céleste, *lisez* : et François-René, seigneur de la Durantais, époux de Françoise Bossart, dame de la Rossignolière, dont Jeanne-Céleste de Saint-Gilles, etc.

Page 231, ligne 13. — *Au lieu de* : 1643, *lisez* : 1743.

Page 232, ligne 3. — *Au lieu de* : en 1656, *lisez* : en 1654.

Page 232, ligne 17. — *Après* : inhumé, *ajoutez* : le lendemain.

Page 232, article Jean-Baptiste-Tanneguy, ligne 5. — *Au lieu de* : le 20 janvier 1715, *lisez* : le 20 février 1715, et baptisé le lendemain, en l'église de Romillé.

Page 233, ligne 6. — *Après* : 3 août 1746, *appel de note et note suivante* :

Mariage célébré le 16 août, en l'église de Guilliers.

Page 233, ligne 10. — *Au lieu de* : paroisse du Guillier, *lisez* : paroisse de Guilliers.

Page 233, article Louis-Marie-René, ligne 2. — *Après* : 9 mai 1716, *ajoutez* : et tenu, le 12, sur les fonts du baptême, en l'église de Saint-Germain de la Mer, par messire Jean-Baptiste-René de Saint-Gilles, seigneur de Perronay, et demoiselle Marie-Thérèse du Breil, dame du Pin-Pontbriand.

Page 235, article Louise-Marguerite, première ligne. — *Au lieu de* : Louise-Marguerite, *lisez* : Louise-Marquise.

Page 235, dernière ligne et premières de la page suivante. —

Au lieu de : transigea, le 11 septembre 1781, etc., (*jusqu'à* : se retirer), *lisez* : céda au sieur de Brenan, le 11 septembre 1781, pour la somme de 16,000 livres, tous ses droits à la succession mobilière de sondit fils, sous la réserve de 26,000 livres qui lui étaient dues par le sieur Briot, acquéreur du domaine féodal du Pontbriand, outre une rente viagère de 3,466 livres 13 sols 4 deniers, et 2,000 livres de principal, à elle dues également par le sieur Dubois, acquéreur du domaine utile.

Page 236, article MARIE-ANGÉLIQUE-MARCELLINE, ligne 3. — *Après* : 8 novembre 1725, *ajoutez* : tenue sur les fonts du baptême, le 10 du même mois, en l'église de Corseul, par Malo-Joseph du Breil, comte de Névet, et Marie-Anne de Saint-Gilles.

Page 236, article LOUISE-MARIE, ligne 2. — *Après* : 22 mai 1727, *ajoutez* : et baptisée le lendemain, en l'église de Corseul.

Page 240, ligne 9. — *Après* : de leurs biens, *ajoutez* : meubles et d'acquêt.

Page 240, ligne 11. — *Après* : inhumé, *ajoutez* : le lendemain.

Page 241, article CHARLOTTE-MARIE-AGATHE, lignes 1 et 2. — *Au lieu de* : née en 1770, mariée etc., *lisez* : née à Dinan, le samedi 19 mars 1770, mariée le 8 juin 1794, etc.

Page 242, ligne 2. — *Après* : de la Barbelais, *ajoutez* : dont deux fils.

Page 242, article SAINTE-SYLVIE-ANGÉLIQUE, ligne 2. — *Au lieu de* : 10 août 1782, *lisez* : 12 août 1782, et baptisée le lendemain, en l'église Saint-Malo de cette ville.

Page 242, même ligne. — *Au lieu de* : en 1802, *lisez* : par contrat du 2 juin 1802.

Page 242, même article, ligne 5. — *Après* : de Saint-Louis, *ajoutez* : fils de feus Louis de Lesquen, chevalier, seigneur de la Ménardais, et Marie-Françoise Ferron du Chesne.

8

Page 242, même article, lignes 18 et suivantes. — *Au lieu de* : l'aîné. Victor, etc. (*jusqu'à la fin de l'article*), *lisez* : l'aîné, Victor-Marie-Auguste, officier au 12e de ligne, est décédé le 12 août 1824, à la suite de la campagne d'Espagne; le second, Ange-Marie-Sylvain, n'a laissé qu'une fille ; le troisième, François-Marie-Toussaint, capitaine de frégate, est mort sans postérité en 1857; les autres étaient morts jeunes.

Page 244, première ligne. — *Au lieu de* : Mlle de Brossart, *lisez* : Mlle de Boissard.

Page 245, article AUGUSTE-MARIE, ligne 9. — *Au lieu de* : celle-ci remariée, *lisez* : celle-ci mariée d'abord en premières noces.

Page 246, article RAYMOND-MARIE-JOSEPH, ligne 2. — *Au lieu de* : né le 11 août 1843, *lisez* : né le 11 août 1844.

Page 251, article LOUIS-MARIE-VICTOR, ligne 4. — *Au lieu de* : en 1774, *lisez* : le 7 février 1774.

Page 253, article ADÈLE-MARIE-ANNE, ligne 10. — *Au lieu de* : 13 mai 1847, *lisez* : 13 mai 1846.

Page 256, lignes 5 et suivantes. — *Au lieu de* : il fut nommé chef du canton d'Argentré au mois de mai 1795, puis lieutenant-colonel le 10 mars 1796, *lisez* : il fut nommé chef du canton d'Argentré en Bretagne, gardant cependant sous ses ordres les paroisses du Maine limitrophes; fut confirmé par Puisaye dans son grade de lieutenant-colonel le 10 mars 1796.

Page 257, ligne 11. — *Au lieu de* : 7 septembre, *lisez* : 7 novembre.

Page 257, dernière ligne. — *Au lieu de* : 10 novembre, *lisez* : 25 octobre.

Page 258, ligne 18. — *Au lieu de* : alors lieutenant de dragons, *lisez* : alors sous-lieutenant de dragons au service de l'Espagne.

Page 259, ligne 2. — *Au lieu de* : vers 1830, *lisez* : en 1827, *et ajoutez à la fin de l'alinéa* : Il a laissé, sur les guerres de la Chouannerie, d'importants et très curieux Mémoires, qui viennent d'être publiés.

Page 259, ligne 15. — *Au lieu de* : 2 février 1844, *lisez* : 20 février 1844.

Page 260, article ISIDORE-MARIE, première ligne. — *Au lieu de* : né en 1800, *lisez* : né le 3 février 1801.

Page 261, article ROSALIE-MARIE-MARGUERITE-THÉRÈSE, ligne 8. — *Au lieu de* : 25 avril, *lisez* : 25 août.

Page 267, article STANISLAS-MARIE-LOUIS, ligne 4. — *Au lieu de* : 25 novembre, *lisez* : 27 novembre.

Page 272, ligne 2. — *Après* : Pontbriand, *ajoutez* : fut incarcéré à Dinan, puis à Rennes, sous le Directoire.

Page 272, ligne 5. — *Ajoutez à la fin de l'alinéa* : La paroisse de Saint-Potan lui doit, entre autres munificences, une maison de charité pour le soin des malades et l'éducation gratuite des enfants pauvres, qu'il fonda et dota avec la participation de ses enfants, suivant acte du 21 février 1845 [1].

Page 273, ligne 27. — *Au lieu de* : Caroline-Léonore, *lisez* : Jeanne-Marie-Caroline-Éléonore.

Page 274, première ligne. — *Au lieu de* : MARIE-ANNE du Breil, *lisez* : MARIE-ANNE-RENÉE du Breil.

Page 274, article MARIE-ANNE, ligne 2. — *Au lieu de* : 10 septembre 1804, *lisez* : 8 septembre 1804.

Page 274, article ANGE-MARIE-XAVIER, ligne 2. — *Au lieu de* : 27 novembre, *lisez* : 21 novembre.

---

(1) Acte portant donation de maison, terres et mobilier, ainsi que d'une rente de 750 francs, renouvelé, pour reconnaissance officielle par L'État, le 21 janvier 1861, au nom de Mlle Marie-Anne du Breil de Pontbriand.

Page 274, même article, ligne 4. — *Au lieu de* : émigré en 1791, *lisez* : passé au service de l'Espagne en 1791.

Page 276, article MARIA, ligne 3. — *Au lieu de* : 1851, *lisez* : 1861.

Page 278, ligne 11. — *Au lieu de* : à la Villehuchet, *lisez* : à la Bouteillerie.

Page 278, article CLAIRE-MARIE, ligne 2. — *Au lieu de* : 16 août 1849, *lisez* : 17 août 1849,

Page 278, dernière ligne. — *Au lieu de* : 20 mai 1812, *lisez* : 20 mars 1812.

Page 282, article JÉROME-MARIE-MÉRIADEC, ligne 3. — *Au lieu de* : 1er juin, *lisez* : 7 juin.

Page 282, même article, ligne 5. — *Au lieu de* : Thérèse de Montaudouin, *lisez* : Bonne de Montaudouin.

Page 295, ligne 5. — *Au lieu de* : d'Augustine le Vicomte, *lisez* : de Sophie-Augustine-Marie-Jeanne le Vicomte.

Page 296, article CLOTILDE-MARIE-CÉCILE-HENRIETTE, ligne 6. — *Au lieu de* : 24 février 1884, *lisez* : 24 février 1887.

Page 298, ligne 17. — *Au lieu de* : ACHILLE-GENEVIÈVE-MATHILDE-MARIE, *lisez* : ALIETTE-GENEVIÈVE-MATHILDE-MARIE.

Page 301, dernière ligne. — *Après* : 20 mars 1661, *ajoutez* : comme premier capitaine ou lieutenant-colonel.

Page 303. — Lignes 3 et suivantes. — *Au lieu de* : mourut au château du Pontharouard, le 8 janvier 1689, âgé de soixante-trois ans, et fut inhumé, etc., *lisez* : mourut au château du Pontharouard, à l'âge de soixante-trois ans, peu avant le 8 janvier 1689, date à laquelle il fut inhumé, etc.

Page 303, ligne 6. — *Après* : seigneur du Pontharouard, *ajoutez* : fondateur et prééminencier en ladite église.

Page 303, article JEAN-BAPTISTE-FRANÇOIS, ligne 2. — *Au lieu de* : du Pontharouard et de Saint-Thual, *lisez* : du Pontharouard, la Garde-Pontbriand, Saint-Thual et la Virolaye.

Page 303, même article, ligne 3. — *Au lieu de* : 1er janvier 1685, *lisez* : 1er janvier 1683.

Page 303, dernière ligne. — *Après* : dame de Pellan, *ajoutez* : fille d'Alain Artur, seigneur de Pellan, secrétaire de la Chancellerie au parlement de Bretagne, et de Marie Nepveu.

Page 304, lignes 2 et suivantes. — *Au lieu de* : sa veuve vivait encore le 28 janvier 1717, date du mariage de leur fils, et lui avait donné deux enfants, savoir : etc., *lisez* : sa veuve lui survécut jusqu'en 1744 et fut inhumée, le 28 octobre de cette année, dans le chœur de l'église de Saint-Thual, lui ayant donné quatre enfants, savoir :

1º JEAN-BAPTISTE, qui suit :

2º N... du Breil de Pontbriand, décédé à Saint-Thual, le 7 février 1701, peu après sa naissance.

3º MARIE-RENÉE-LOUISE du Breil de Pontbriand, née le 7 janvier 1697, ne reçut les onctions supplémentaires du baptême que le 13 juillet 1717, en l'église abbatiale de Saint-Sulpice de la Forêt, où elle eut pour parrain messire François-Louis du Breil, vicomte de Pontbriand, et pour marraine, dame Renée-Geneviève de la Lande du Lou-Trégomain, comtesse de Pontcallec. — On ne sait d'elle autre chose.

4º MARIE-JUDITH du Breil de Pontbriand, née le 11 décembre 1699, décédée sans alliance, à sa terre de Pompée, paroisse de Pleudihen, le 5 octobre 1779.

Page 304, article JEAN-BAPTISTE, lignes 1 et 2. — *Au lieu de* :
seigneur du Pontharouard et de Saint-Thual, *lisez* : seigneur du
Pontharouard, Saint-Thual, la Ricolais, baron de Lesnen-Pommerit,
ondoyé en l'église Saint-Sauveur de Dinan, le 8 septembre 1691,
jour de sa naissance.

Page 304, même article, ligne 13. — *Au lieu de* : seigneur de
Malnoë et de la Villedubois, *lisez* : seigneur de Mué et de la Villedubois.

Page 304, même article, lignes 16 et 17. — *Au lieu de* : était
mort dès le 27 septembre 1720, date d'un acte concernant sa
succession, *lisez* : mourut aux Forges de Paimpont, le 31 juillet
1717, et fut inhumé dans le chœur de l'église de l'abbaye de
Paimpont[1].

Page 305, ligne 2. — *Au lieu de* : vers 1740, *lisez* : vers 1735.

Page 305, ligne 3. — *Au lieu de* : Louis-Annibal ROGON,
lisez : Louis-Jean ROGON.

Page 305, ligne 5. — *Après* : demeurée veuve le 13 mars 1745,
ajoutez : elle vendit, par contrat du 1er février 1757, les terres de
Lesnen, Saint-Thual et le Pontharouard, à Joseph Baude, seigneur
de la Tousche, pour 157,400 livres. Elle vivait encore en 1785 et
a laissé, etc.

Page 305, lignes 7 et 8. — *Au lieu de* : Son fils aîné, René-
Louis Rogon, chevalier, seigneur de Carcaradec, marié en pre-
mières noces, etc., *lisez* : Elle eut de son mariage Louis-Annibal
Rogon de Carcaradec, marié en 1756 à Marie-Geneviève du
Coëtlosquet, dont trois fils morts à Quiberon et René-Louis
Rogon, seigneur de Carcaradec, marié en premières noces, etc.

---

(1) Cependant la généalogie de Farcy rapporte sa mort au 31 juillet 1727 ; c'est une erreur certaine.

Page 313, ligne 2. — *Au lieu de* : troisième fils, *lisez* : second fils.

Page 314, ligne 5. — *Au lieu de* : dame de l'Hôtellerie et des Préaux, et en secondes noces, etc., *lisez* : dame de l'Hôtellerie-Héliguen et des Préaux, baptisée à Saint-Alban, le 21 septembre 1575, fille de Jacques d'Héliguen, seigneur des Salles et de l'Hôtellerie, et de Renée Gouyon de Beaucorps, puis, en secondes noces, etc.

Page 314, ligne 20. — *Après* : GEORGES, qui suit. *Appel de note et note suivante* :

On trouve encore, aux registres de Saint-Alban, PIERRE du Breil, seigneur des Salles, parrain, le 17 mai 1633, d'écuyer Jacques Héliguen ; il y a tout lieu de croire que c'était un second fils du premier mariage de Georges, ayant hérité de sa mère du fief des Salles, ancienne propriété des Héliguen.

Page 315, note 6. — *Ajoutez à cette note* : aliàs : *D'azur à un lion d'or, au chef de gueules.*

Page 316, première ligne. — *Après :* Belloteau, *effacez* : époux de Jeanne Dupont.

Page 316, ligne 5. — *Ajoutez à la fin de l'alinéa* : Autre Antoine de Belloteau fut maintenu, en l'élection de Montreuil-Bellay, à la réformation de 1666-1670 ; il avait épousé Renée Dupont, et nous le croyons frère de Dorothée. Sa fille, Claude-Renée, fut héritière du château de la Treille et épousa, en 1688, Louis de Crozé, chevalier de Saint-Louis, brigadier des gardes-du-corps du Roi.

Page 317, première ligne et suivantes. — *Au lieu de* : et ne vivait plus, etc. *(jusqu'à la fin de l'alinéa), lisez* : et mourut à l'Hôtellerie, probablement le 14 avril 1645, sa sépulture ayant eu lieu le 15, dans l'église de Saint-Alban, en son enfeu, près l'autel de Notre-Dame. Une sentence touchant sa succession fut rendue en la juridiction de la Hunaudaye, le 26 juin suivant, en faveur de son fils [1].

---

(1) Preuves pour la réformation de 1668.

Il avait eu de son mariage :

1° GUY-DOMINIQUE, qui suit.

2° MARGUERITE du Breil, tenue sur les fonts du baptême, en l'église de Saint-Alban, le 15 janvier 1621, par Charles Bertho, seigneur de Lescoët, et Marguerite de la Houssaie, dame de la Clôture, paraît être morte sans alliance avant 1645.

Page 317, article JEAN-ADRIEN, ligne 6. — *Ajoutez à la fin de l'alinéa* : — Il devait, pour sa terre de l'Hôtellerie, offrir un sol parisis au seigneur de Matignon, à la messe de minuit célébrée, le jour de Noël, dans l'église collégiale de Matignon [1].

Page 318, lignes 11 et 12. — *Au lieu de* : mortes sans alliance, mentionnées par des Alleux, mais dont on ne connaît pas les noms, *lisez* : mentionnées par des Alleux, mais dont on ne connaît pas les noms avec certitude [2].

Page 318, article FRANÇOIS-DOMINIQUE, ligne 6. — *Au lieu de* : fille du baron de Lezurec, *lisez* : fille de René du Menez, chevalier, baron de Lezurec, et de Jeanne-Olive du Dourdu, petite-fille de Yves du Menez, seigneur de Lezurec, chevalier de l'Ordre du Roi, et de Marguerite de Brézal.

Page 319, ligne 2. — *A la fin de l'alinéa, appel de note et note suivante* :

On trouve cependant LOUIS du Breil, parrain à Saint-Alban, le 10 septembre 1730, qui pourrait être un de ces enfants.

ƒ

(1) HABASQUE. *Annuaire des Côtes-du-Nord*, 1848.

(2) Nous croyons reconnaître l'une d'elles dans *demoiselle* FLEURIANNE *du Breil*, marraine à Saint-Alban, le 3 janvier 1723, avec Charles de la Motte, seigneur de la Motterouge, et peut-être l'autre, dans *demoiselle* CLAUDE *du Breil*, dite grand'mère de François-Hyacinthe Bérard, chevalier, seigneur du Frost, marié à Saint-Alban, le 22 novembre 1729, avec Renée-Angélique le Borgne.

Page 320, ligne 4. — *Après* : Françoise de Boulleuc, *ajoutez* : que l'on croit fille de Christophe de Boulleuc et de Thomase de Saint-Meleuc.

Page 320, article MARGUERITE-GUYONNE, lignes 7 et 8. — *Au lieu de* : un fils, Louis-Julien de Gaudrion, *lisez* : deux fils, Louis-Julien et François-Ferdinand de Gaudrion.

Page 322, lignes 2 et 3. — *Au lieu de* : un fils qui suit, et quatre filles mentionnées par des Alleux, mais dont on ne retrouve pas les noms, *lisez* : un fils et quatre filles, savoir :

1º MALO-GILLES, qui suit.

2º CHARLOTTE-FRANÇOISE du Breil, née le 5 mai 1664, et morte sans alliance, le 2 juin 1747.

3º PHILIPPE-HÉLÈNE du Breil, née le 25 avril 1665, mariée, en 1705, en l'église de Miniac-Morvan, à Jean DE BOULLEUC, écuyer, seigneur de la Grandmaison, fils de Mathurin et de Servanne Couëstivel, petit-fils de Christophe de Boulleuc et de Thomase de Saint-Meleuc, lequel Jean, demeuré veuf, prit une seconde alliance, en 1718, avec Jeanne-Renée Gouyon, dame du Guillier.

4º PERRINE-THÉRÈSE du Breil, née le 15 juillet 1668, appelée *Mademoiselle de la Villeblanche*, mariée en 1710, en l'église de Miniac-Morvan, à Charles DE BOULLEUC, écuyer, seigneur des Longrais, frère de Jean de Boulleuc ci-dessus.

5º FRANÇOISE-JACQUETTE du Breil, née le 19 avril 1670, appelée *Mademoiselle de la Villeneuve*, épousa en 1705, en l'église de Miniac-Morvan, Georges-Joseph LAMBERT, chevalier, seigneur de Grandchamp-Rigourdaine et de Montlouët, fils de Jean Lambert, seigneur de Granchamp-Rigourdaine, et de Guyonne le Rennec, dame de Mont-louët, sa seconde femme, de l'ancienne maison cheva-leresque de Lambert, qui a produit quatre chevaliers de l'Ordre du Roi. De ce mariage naquirent plusieurs enfants morts sans postérité, sauf un seul fils, Joseph-Jacques Lambert, chevalier, seigneur de Grandchamp-Rigourdaine et de Montlouët, qui fut le dernier de la branche des Lambert châtelains de Rigourdaine, en Plouër, épousa, en 1718, Renée-Vincente de la Bintinaye, et ne laissa qu'une fille, Marie-Anne-Françoise Lambert, dame de Grandchamp-Rigourdaine, Montlouët et autres lieux, mariée, en 1771, à Etienne-François Ferron du Chesne, seigneur de Saint-Carné, conseiller au Parlement.

Page 322, article MALO-GILLES, lignes 5 et 6. — *Au lieu de* : Il mourut en 1707, laissant un seul fils, qui suit : *Lisez* : Il mourut en 1707, et sa veuve, décédée elle-même en 1704, fut, à cette date, inhumée dans l'église de Miniac-Morvan. Ils laissaient un seul fils, qui suit.

Page 322, article N. du Breil. — *Remplacez cet article par le suivant* :

MALO-RENÉ du Breil, seigneur de Saint-Luen, né à Miniac-Morvan, le 1er août 1702, épousa dans la chapelle de la Marre, en cette même paroisse, le 28 novembre 1724, Marie-Hélène GUYMONT, fille de Joseph et de Guyonne Porée, petite-fille de Guy et de Françoise Brébel, et veuve d'écuyer Jean de Bien. Il mourut le 9 octobre 1736, ayant eu de son mariage plusieurs enfants, entre lesquels on ne connaît qu'une fille :

> HÉLÈNE du Breil, tenue sur les fonts du baptême, en 1734, dans l'église de Miniac-Morvan, par Joseph-Jacques Lambert, seigneur de Grandchamp-Rigourdaine, son grand-oncle, ne paraît pas avoir été mariée.

Page 323, article SUZANNE, première ligne. — *Au lieu de* : 14 avril 1634, *lisez* : 14 août 1634.

Page 323. — *Ajoutez à la fin du même article* : morte sans alliance, et inhumée à la Boussac, le 10 juillet 1677.

Page 323, article JEANNE, première ligne. — *Au lieu de* : 30 septembre 1635, *lisez* : 13 décembre 1635.

Page 323. — *Ajoutez à la fin du même article* : est probablement la même que l'on trouve inhumée à Carfantain, le 18 juin 1645.

Page 323, article RENÉ. — *Ajoutez à la fin de cet article* : fut inhumé à la Fresnais, le 3 avril 1644.

Page 324, article ISIDORE. — *Corrigez ainsi cet article* :

> 4° ISIDORE, *aliàs* PIERRE du Breil, né le 10 octobre 1645, et baptisé à Saint-Lunaire, le 7 décembre suivant, également mort avant la Réformation.

Page 324, article ROBERDE. — *Au lieu de* : née et baptisée à Saint-Lunaire le 8 février 1643, *lisez* : née le 4 janvier 1643, et baptisée, le 8 février suivant, en l'église de Saint-Lunaire.

Page 324, article JULIEN, lignes 1 et 2. — *Au lieu de* : né et baptisé à Saint-Lunaire, le 20 juin 1647, *lisez* : né le 6 juin 1647, et tenu sur les fonts du baptême, le 20 du même mois, en l'église de Saint-Lunaire, par Julien du Breil, seigneur de Seven.

Page 324, même article, lignes 6 et 7. — *Au lieu de* : mariage dont il eut : *lisez* : Il mourut à la Fresnais en 1723, ayant eu de son mariage :

Page 325, *après l'article* Françoise-Renée, *ajoutez celui-ci* :

4° Siméonne, ou Siméonne-Julienne du Breil, née le 8 juin 1696, épousa 1° Pierre DE GOUET[1], seigneur DES ESSARTS; 2° le 5 juillet 1740, Guy DE SAINT-PAIR[2], seigneur DE VAUJOUR, et mourut au Vaurumain, en Pleine-Fougères, le 26 mai 1767, ayant eu de son premier mariage Siméonne-Jeanne de Gouet des Essarts, mariée, à la Fresnais, en 1750, à Charles-Pierre de Kerpoisson, seigneur de Keralan.

Page 326, article Marie-Louise-Françoise. — *Au lieu de* : née et baptisée à Pleudihen, le 17 janvier 1727, *lisez* : née le 17 juin 1727, et baptisée, le lendemain, en l'église de Pleudihen.

Page 326, article Françoise-Marguerite, ligne 3. — *Au lieu de* : 14 février 1751, *lisez* : 16 février 1751.

Page 326, article Pierre-Malo, ligne 6. — *Au lieu de* : Gabriel-Marie, *lisez* : Gabriel Marie.

Page 327, article, Pierre-Malo-François. — *Au lieu de* : né à la Herpedais, le 22 avril 1777, et mort en bas-âge, *lisez* : né à la Herpedais, et baptisé en l'église de la Boussac, le 22 avril 1777, prit part à l'insurrection royaliste de 1795 dans la division de Saint-Malo, et mourut sans alliance.

---

(1) GOUET. — *D'argent à la bande d'azur, chargée de trois demi vols d'or et accostée de deux têtes de levriers de sable, colletées de gueules.*

(2) SAINT-PAIR. — *D'argent à trois losanges de gueules, au chef de même, chargé d'un lion léopardé d'or.*

Page 327, article FRANÇOISE-HENRIETTE-PÉLAGIE-MACLOVIE, ligne 2. — *Après* : la Herpedais, *ajoutez* : baptisée.

Page 327, même article, ligne 3. — *Au lieu de* : N. de la Forest, *lisez* : Jean-Marie de la Forest.

Page 328, première ligne. — *Après* : la Herpedais, *ajoutez* : baptisée.

Page 329, première ligne. — *Après* : Belleville-Pontbriand, *ajoutez* : la Roche, la Saudrais, Rochefort, Saint-Méloir.

Page 329, ligne 4. — *Après* : Marie Ferré, *ajoutez* : tenue sur les fonts du baptême, en l'église Saint-Sauveur de Dinan, le 8 octobre 1573, par haut et puissant Sébastien de Rosmadec, chevalier de l'Ordre du Roi, et noble et puissante dame Jeanne de Montbourcher, dame de Pontcroix.

Page 329, ligne 6. — *Après* : 10 août 1627, *ajoutez* : et premier capitaine ou lieutenant-colonel du régiment de Coëtquen.

Page 330, lignes 2 et 3. — *Au lieu de* : le 3 août 1622, eût arrêt du siège présidial de Rennes, le maintenant, etc., *lisez* : le 22 septembre 1622, obtint sentence du siège présidial de Rennes[1], sur conclusions du procureur du Roi du 3 août précédent[2], le maintenant, etc.

Page 330, ligne 6. — *Ajoutez à la fin de l'alinéa* : qu'il avait acquise en 1608, sentence confirmée par arrêt du parlement de Rouen, le 14 avril 1628[3].

Page 330, ligne 11 et suivantes. — *Au lieu de* : il était veuf, etc. (*jusqu'à la fin de l'alinéa*), *lisez* : tous deux moururent à la Motte-Olivet, et furent inhumés dans le sanctuaire de l'église de Pleslin,

---

(1) Archives de la Motte-Olivet.
(2) Preuves pour la Réformation de 1668.
(3) Archives de la Motte-Olivet.

Marie du Coudray, le 4 août 1638, et son mari, le 18 octobre 1648.
— Ils avaient eu de leur mariage :

Page 330. — *Rectifiez et complétez ainsi ce qui concerne les enfants de Tanneguy du Breil et de Marie du Coudray :*

1º JEAN du Breil, baptisé en l'église de Pleslin, le 7 octobre 1613, inhumé au chanceau de la même église, le 16 septembre 1618.

2º GUY du Breil, né le 17 février 1617, tenu sur les fonts du baptême, en l'église de Pleslin, le 1er octobre suivant, par haut et puissant Guy de Rieux, sire de Châteauneuf, et dame Claude de Boiséon, dame du Plessis-de-Rays, inhumé au chanceau de l'église de Pleslin, du côté de l'épître, le 8 septembre 1624.

3º CLAUDE du Breil, né le 26 mars 1618, tenu sur les fonts du baptême, en l'église de Pleslin, le 2 avril suivant, par Claude du Breil, seigneur de la Marche-Pontbriand, et demoiselle Gillette de la Ravillais, dame de Lanrodec, mort sans alliance, avant la Réformation.

4º Autre JEAN du Breil, tenu sur les fonts du baptême, en l'église de Pleslin, le 18 octobre 1619, par noble et puissant Jean d'Avaugour, seigneur de Saint-Laurent, et dame Gillette Gesdouin, femme de Jacques du Cambout, seigneur du Plessis-Valleron, fut inhumé au chanceau de l'église de Pleslin, le 23 avril 1620.

5º LOUIS, qui suit.

6° JACQUEMINE du Breil, baptisée en l'église de Pleslin, le 9 octobre 1611, eut pour parrain et marraine, Jacques de Pontual, seigneur de la Villerevault, et Jacquemine de Guémadeuc, dame du Pin-Pontbriand, et paraît être morte en bas âge.

7° CHARLOTTE du Breil, baptisée en l'église de Pleslin, le 28 décembre 1615, eut pour parrain Charles du Coudray, seigneur du Bois-Rigourdaine, et pour marraine demoiselle Julienne du Breil, et paraît également ne pas avoir vécu.

8° FRANÇOISE du Breil, née le samedi, 30 avril 1622, et tenue sur les fonts du baptême, le jeudi suivant, 5 mai, en l'église de Pleslin, par François du Breil, seigneur du Tertre-Allot, épousa, le 17 août 1643, en la chapelle de l'hôpital de Dinan, messire Gabriel DE TRÉMEREUC, chevalier, seigneur de la Chesnaye-Taniot, en Saint-Germain de la Mer, fils de Pierre de Trémereuc, chevalier, et de Marguerite de la Villarmois, duquel mariage naquirent, entre autres enfants : Servanne de Trémereuc, mariée, comme on l'a vu précédemment, à messire René Ferron, seigneur de la Villeaudon, et Louis de Trémereuc, chevalier, seigneur de la Chesnaye, comte de Largouët, baron de Lanvaux, président au parlement de Bretagne, époux, en premières noces, de Guyonne Goret, dont Anne-Louise de Trémereuc, mariée, le 7 septembre 1689, à Toussaint de Cornulier, marquis de Châteaufromont, comte de Vair, baron de Montrelais, auquel elle porta le comté de Largouët et l'ancien château d'Elven, son chef-lieu.

Françoise du Breil mourut en 1671 et fut inhumée en la chapelle du château de la Chesnaye.

9° MARGUERITE du Breil, tenue sur les fonts du baptême, en l'église de Pleslin, le 14 février 1627, par Mathurin de la Choüe, seigneur du Boisbonnier, et haute et puissante dame Marguerite d'Illiers, marquise du Bois de la Motte, épousa, le 3 janvier 1648, dans la chapelle de la Motte-Olivet, haut et puissant messire Gabriel MARIE, chevalier, seigneur DE LA HIGOURDAIS, la Tousche-Méléart et autres lieux, fils de Messire Ferdinand Marie, seigneur de la Higourdais, et d'Amaurye de Saint-Pern-Ligouyer. Elle mourut peu de mois après son mariage et fut inhumée en l'église d'Épiniac, le 12 septembre 1648 ; son mari épousa, en secondes noces, Bertranne de Rosnyvinen, et fut père de Joseph Marie, seigneur de la Higourdais, époux de Judith de Talhouët de Kéravéon, et probablement de Louise Marie de la Higourdais, troisième femme d'Anthyme-Denis du Breil, baron des Hommeaux.

10° MARIE du Breil, née le lundi 26 février 1629, et tenue le lendemain sur les fonts du baptême, en l'église de Pleslin, par François du Breil de Rays, chevalier de Malte, et Françoise du Breil de Rays, dame de la Crochais, fut inhumée dans l'église de Pleslin, le 3 juillet 1636[1].

(1) On trouve encore JULIENNE du Breil, *dame de la Roche*, inhumée dans l'église de Pleslin, le 13 août 1640, qui paraît être une autre fille de Tanneguy.

Page 331, article Louis, ligne 2. — *Après* : du Boisruffier, *ajoutez* : seigneur de la Roche, la Saudraye, la Boulaye et autres lieux, né en décembre 1620, et tenu sur les fonts du baptême, en l'église de Pleslin, le 18 janvier 1621, par messire Louis de Bréhand, chevalier, seigneur de Gallinée, et demoiselle Françoise d'Yvignac.

Page 331, même article, lignes 12 et suivantes. — *Au lieu de* : ne vivait plus etc. (*jusqu'à la fin de l'alinéa*), *lisez* : mourut à Rennes, où ses funérailles eurent lieu, en l'église de Bonne-Nouvelle, le 18 février 1652. Il fut inhumé en l'église de Pleslin, le 4 mars suivant, et sa veuve fut instituée tutrice des enfants nés de leur mariage, suivant acte passé au présidial de Rennes, le 20 avril de la même année. Ces enfants sont :

Page 331, avant-dernière ligne et suivantes. — *Après* : seigneur du Boisruffier, *lisez ainsi la fin de l'article* : né à Rennes, paroisse Saint-Étienne, « baptisé par permiffion, parce qu'il eftoit fort « preffé & que les portes de la ville font fermées », nommé en l'église Saint-Sauveur, avec supplément des cérémonies du baptême, le 1er mars 1649, par René de Beaucé, fils de Monsieur de Chambellé, et demoiselle Jeanne de Gaulay, maintenu avec son frère à la réformation de 1668, et inhumé dans le chœur de l'église de Pleslin, le 15 février 1676.

Page 332, article Servan, ligne 3. — *Au lieu de* : mort avant la Réformation : *lisez* : inhumé à Pleslin, le 5 octobre 1653.

Page 332, article François, ligne 2. — *Après* : du Boisruffier, *appel de note et note suivante* :

Il est qualifié chevalier de l'Ordre du Roi dans son acte de décès, aux registres de Pleslin.

Page 332, même article, ligne 12. — *Au lieu de* : N. HINGANT, *lisez* : Charlotte HINGANT.

Page 332, même article, ligne 14. — *Au lieu de* : Il mourut en 1674, *lisez* : Il mourut le 13 ou le 14 juin 1674, et fut inhumé, le 15, dans le chœur de l'église de Fleslin.

Page 333, ligne 21. — *Après* : sans postérité, *ajoutez* : et une fille, Marie-Anne de Francheville, que cette mort laissa héritière de la Motte-Olivet en 1756.

Page 335, ligne 5. — *Au lieu de* : 1477 et 1515, *lisez* : 1477 et 1513.

Page 337, article FRANÇOISE, ligne 6. — *Au lieu de* : Elle recueillit, en 1556, de la succession, etc., *lisez* : Restée veuve en mars 1515, elle vivait encore en 1556, et recueillit, à cette date, de la succession, etc.

Page 337, même article, lignes 8 et suivantes. — *Au lieu de* : et eut de son mariage un fils Bertrand, seigneur de la Villèsblanc, le Pin, Launay-Quinart, la Garaye, baron souverain de Grimaud en Suisse, époux de Péronnelle de Guémadeuc, dont Marie Ferré, etc., *lisez* : de son mariage naquirent, entre autres enfants, une fille, Charlotte Ferré, mariée à Jean de Beaucé, seigneur de Montfromery, et un fils Bertrand, seigneur de la Villèsblanc, le Pin, Launay-Quinart, la Garaye, baron souverain de Grimaud en Suisse, époux, en premières noces, de Catherine de Quédillac, dame de Taden, et, en secondes noces, de Péronnelle de Guémadeuc, duquel second mariage vint, entre autres enfants, Marie Ferré, etc.

Page 338, ligne 4. — *Au lieu de* : « ... des plus vaillants... » *lisez* : « ... des plus grands, braves et vaillants... »

Page 338, ligne 8. — *Ajoutez à la fin de l'alinéa* : mariage dont sortit René Bernier, époux de Louise Gouyon, qui vendit la terre du Lattay à Judes de Saint-Pern, seigneur de Ligouyer, par contrat du 17 mai 1564[1], et fut père de Charles Bernier, vivant en 1580.

Page 339, ligne 3. — *Au lieu de* : vers l'an 1509, *lisez* : au plus tard vers l'an 1490.

Page 339, article GILLES, ligne 8. — *Au lieu de* : vers 1530, *lisez* : vers 1510[2].

Page 339, note 3. — *Ajoutez à la fin de cette note* : L'extrait rapporté aux preuves de François du Breil paraît plus exact en mentionnant seulement l'inventaire « des « biens de Roland du Breil, feigneur de Plumaugat, fait après fon décès. »

Page 340, article CHARLES, ligne 4. — *Au lieu de* : A la mort de son neveu Charles, fils de Gilles, *lisez* : Après la mort de son frère et de son neveu.

Page 340, même article, ligne 8. — *Après* : 5 mai 1519, *ajoutez* : et, la même année, avec Raoul du Breil, seigneur du Chalonge, et comme héritier de feu Charles du Breil, « fon aïeul, « qui l'avoit eu en fa tutelle[3]. »

Page 344, lignes 3 et 4. — *Au lieu de* : qui paraît être un second fils de Toussaint et de Jeanne de Tudert ; *lisez* : probablement issu de l'un des cadets mentionnés aux générations précédentes.

Page 345, ligne 6. — *Au lieu de* : Page 55, *lisez* : Page 53.

Page 345, ligne 11. — *Au lieu de* : 1715, *lisez* : 1713, *et effacez* : probablement.

Page 346, ligne 3. — *Au lieu de* : mariée, *lisez* : marié.

Page 347, ligne 3. — *Au lieu de* : dont il eut : *lisez* : et mourut à Pleine-Fougères, le 11 novembre 1688, ayant eu de son mariage :

---

(1) Archives de Saint-Brieuc.

(2) En fixant aux environs de 1530 le mariage de Gilles du Breil, on s'était sans doute basé sur ce que celui de son frère n'eut lieu qu'en 1534, mais on n'avait pas remarqué que la réformation de 1513 nomme déjà *Charles du Breil*, soit le fils, soit le frère de Gilles, comme seigneur du Pin et de Plumaugat, ce qui suppose que Gilles lui-même ne vivait plus dès cette époque.

(3) André DU CHESNE.

Page 349, ligne 13. — *Au lieu de* : ligne 6, *lisez* : ligne 4.

Page 351, ligne 12. — *Au lieu de* : *Renaud du Breil*, *lisez* : *Jean du Breil*.

Page 353, ligne 5. — *Au lieu de* : née à la Bourbansais et baptisée etc., *lisez* : né à la Bourbansais et baptisé, etc.

POST-SCRIPTUM[1]

Page 54, article LAURENT-GILLES. — *Rectifiez ainsi cet article*[2] :
LAURENT-GILLES, *aliàs* LAURENT-HYACINTHE du Breil, dit le
chevalier du Chalonge, second fils de Claude-Judes et de Marguerite Goret, naquit en 1682[3], resta mineur sous la tutelle de
sa mère en 1689, et épousa, vers 1715, Marguerite-Renée, *aliàs*
Marie-Françoise[4] LE FORESTIER, d'une ancienne famille de
Cornouaille, qu'il laissa veuve et qui mourut elle-même, paroisse
Saint-Jean de Lannion, où elle fut inhumée le 25 décembre 1734,
âgée d'environ quarante-cinq ans.

Il eut de ce mariage trois fils :

Page 57, avant-dernière ligne. — *Après* : il mourut, *ajoutez* :
le 29 novembre 1835.

---

(1) Les éléments des corrections qui suivent ont été recueillis seulement au cours de l'impression.

(2) Cette correction annule celle des pages 345 et 346 de la Généalogie, et celle donnée ci-dessus,
page 11 de ce Supplément.

(3) Il est dit âgé de sept ans dans l'acte d'institution de tutelle du 13 juin 1689.

(4) L'acte de sa sépulture lui donne ces derniers prénoms.

Page 88, article Guy, ligne 3. — *Complétez la correction faite ci-dessus, page 22, en ajoutant* : né le 4 novembre 1586.

Page 91, lignes 8 et suivantes. — *Au lieu de* : mourut à Nantes, pendant la tenue des États de Bretagne, le 24 août 1647, et fut inhumé dans l'église de Ploubalay, etc., *lisez* : mourut à Nantes, pendant la tenue des États de Bretagne, le 26 avril 1647, et fut inhumé le 5 mai, dans le chœur de l'église de Ploubalay, etc.

Page 92, lignes 2 et suivantes. — *Au lieu de* : au nom des enfants nés de leur mariage, etc. (*jusqu'à la fin de la page*), *lisez* : au nom de leurs enfants, pour lesquels elle comparut à la Réformation et obtint l'arrêt du 7 août 1669, les maintenant dans leur noblesse d'ancienne extraction.

Elle habitait à cette époque le château de Goazfroment, et mourut âgée de soixante ans, probablement le 23 février 1683, son inhumation ayant eu lieu le 24, dans l'église Sainte-Anne des religieux dominicains de Guingamp.

Du mariage de François du Breil étaient nés :

A. Pierre, *aliàs* Pierre-Louis du Breil, vivant encore en 1675, à l'époque du mariage de sa sœur.

B. Jacques du Breil.

C. Claude-Jeanne du Breil, dame de Goazfroment, Kerpinson et Kergolleau, devint héritière par la mort de ses frères, et épousa : 1º le 3 mars 1675, en l'église de Plouézec, Guillaume DU FRESNE[1], chevalier, seigneur de Kerlan, paroisse de Plésidy ; 2º le 3 décembre 1699,

---

(1) DU FRESNE. — *D'or au fresne arraché de sinople.*

messire François GESLIN[1], seigneur DE BOURGOGNE. — Elle eut de son premier mariage un fils, Olivier du Fresne, chevalier, seigneur de Kerlan et de Goazfroment, marié, avant 1702, à Jeanne-Yvonne de Lézildry, dont au moins sept enfants, et mourut au château de Goazfroment, peu avant le 5 mars 1715 [2].

D. JACQUETTE du Breil, vivant à l'époque de la Réformation, et dont on ne sait autre chose.

Page 106, article JEAN-BAPTISTE, ligne 11. — *Au lieu de* : en août 1709, *lisez* : suivant certificat du 5 avril 1709 [3].

Page 111, avant-dernière ligne. — *Au lieu de* : épousa, le 12 juin 1772, *lisez* : épousa le 15 juin 1772, dans la chapelle du château de la Bouexière, en Pluguffan.

Page 112, ligne 3. — *Après* : Kersulguen, *ajoutez* : celle-ci fille unique et héritière de Marc-Antoine de Kersulguen, seigneur de la Bouexière, et de Anne-Gabrielle de Quélen.

Pages 118 et 119. — *Complétez ainsi ce qui concerne les enfants de Guy du Breil et de Mathurine Ferron de la Ferronnays, à partir de François* :

---

(1) GESLIN. — *D'or à six molettes de sable, 3, 2, 1.*

(2) On trouve en effet que, le 5 mars 1715, Olivier du Fresne présenta le corps de Jeanne du Breil de Rays, sa mère, pour être inhumé dans l'église de l'abbaye de Beauport, suivant le droit des seigneurs de Goazfroment; mais, les religieux refusant de reconnaître ce droit et de consentir à la sépulture autrement qu'à titre de tolérance, le fils de Jeanne du Breil fit inhumer celle-ci dans l'église de Plouézec, et intenta à l'abbaye un procès, terminé, en 1720, par un accord reconnaissant le bien-fondé de ses prétentions. (GESLIN DE BOURGOGNE et A. DE BARTHÉLEMY, *Anciens évêchés de Bretagne*, t. IV, p. 42.) — C'est à tort que MM. de Geslin et de Barthélemy disent que Jeanne du Breil était veuve, *en premières noces*, de François Geslin, qu'elle avait épousé au contraire en secondes noces, près de vingt-cinq ans après son premier mariage.

(3) Bibliothèque nationale. Dossiers bleus.

3° FRANÇOIS du Breil, mentionné dans l'arrêt du 7 août 1669, vivait encore en 1698, et ne paraît pas avoir été marié.

4° CLAUDE-HIPPOLYTE du Breil, mariée le 3 mai 1698, en l'église de Plouézec, à messire Jean CAM[1], seigneur de Kerouziern, paroisse de Cavan.

5° CLAIRE du Breil, vivant à l'époque de la Réformation.

Page 119, article RENÉ-JEAN. — *Remplacez cet article par ce qui suit*[2] :

RENÉ-JEAN du Breil de Rays, chevalier, seigneur de Pennelan, baptisé en l'église de Néant, le 18 janvier 1692, capitaine des gardes-côtes de Quemper-Guézenec, épousa, vers 1715, Julienne DE KERHOENT DE COËTANFAO, et mourut en 1762, ayant eu de son mariage trois filles :

1° CLAIRE-RENÉE du Breil de Rays, héritière de Pennelan, mariée le 20 janvier 1746, en l'église de Quemper-Guézenec, à Joachim-Simon DE TROGOFF[3], seigneur de la Salle, la Houlle et autres lieux, fils de Nicolas-Joseph de Trogoff, seigneur de Kerdrogon, et de Jeanne-Marcelline d'Espinay. Elle vivait encore, ainsi que son mari, le 23 mars 1775, tous deux habitant, à cette date, leur château de Pennelan. Ils avaient eu de leur mariage au moins sept enfants, parmi lesquels : Gabriel-René

---

(1) CAM. — *D'argent au chevron de sable* (aliàs *d'azur*) *accompagné de trois annelets de même.*
(2) Cette correction annule celle donnée ci-dessus, page 28 de ce Supplément.
(3) TROGOFF. — *D'argent à trois fasces de gueules.* DEVISE : *Tout en tout.*

de Trogoff, qui ne laissa qu'une fille de sa cousine germaine, Yvonne de Derval de Vaucouleurs, fille de Louise du Breil, sœur de Claire-Renée; Joachim-Simon, comte de Trogoff, maréchal de camp, gouverneur du château de Saint-Cloud, aide-de-camp du roi Charles X, mort sans postérité en 1840, et Frédéric de Trogoff, chevalier de Pennelan, marié, en 1788, à Julienne de May, dont postérité éteinte dans la maison de Rostaing.

2º LOUISE du Breil de Rays, mariée à Nicolas-Troussier DE DERVAL DE VAUCOULEURS[1], seigneur de la Ramée, fils de Jean-Baptiste de Derval de Vaucouleurs, seigneur de Gouysac, et de N. d'Allérac, dont Yvonne de Derval, mariée, comme on vient de le dire, à son cousin germain, Gabriel-René de Trogoff, seigneur de Pennelan, et une autre fille, morte sans alliance.

3º FRANÇOISE du Breil de Rays, mariée à Jean-Louis DE DERVAL DE VAUCOULEURS, frère de Nicolas ci-dessus.

Page 122, article MATHURIN, ligne 2. — *Au lieu de* : en 1686, *lisez* : le 26 avril 1686, en l'église de Saint-Méloir des Ondes.

Page 123, article JACQUEMINE, lignes 2 et suivantes. — *Au lieu de* : fils d'Eustache, seigneur de Guenart, et d'Hélène de Trémigon, et petit-fils de François, seigneur de Beauchesne, et de Julienne-Guillemette du Breil de Pontbriand, *lisez* : fils d'autre René Ferron,

---

(1) DERVAL. — *D'azur à la croix d'argent frettée de gueules.*

seigneur de la Villeaudon, président à la Chambre des comptes de Bretagne, et de Marie Juchault des Blottereaux, et petit-fils de Bertrand Ferron, seigneur du Chesne, et de Louise Botherel de la Villegeffroy[1].

Page 131, lignes 12 et suivantes. — *Remplacez l'article B. par le suivant* :

B. FRANÇOIS du Breil, baptisé en l'église de Baguer-Morvan, le 7 mars 1554 (1555), et tenu sur les fonts du baptême par François de Guémadeuc, seigneur de Québriac, mort jeune et sans postérité. C'est probablement lui que l'on trouve mentionné dans le testament de sa mère, qui veut « que fon fils d'elle & de M. de la « Toufche, en quartes noces, ait & puiffe hériter de la feigneurie « de la Toufche », lui léguant en outre la métairie et baillage de Launay et 1666 livres tournois[2].

Page 142, lignes 1 et suivantes. — *Au lieu de* : le 8 septembre 1561, le Roi donna bien ordre au trésorier de l'Épargne de lui payer la somme de 22,000 livres, avec obligation de celle de 13,000 livres et promesse de le libérer d'autres 25,000 livres, mais, peu d'années après, il est obligé de présenter une nouvelle « requefte référant autre précédente, aux fins d'avoir paiement de « 53,496 livres 18 fols 10 deniers, luy dus pour fes avances, tant « pour le fervice de Sa Majefté que de fes prédéceffeurs, avec expé- « dition au pied portant renvoi devant les gens des Comptes à

---

(1) D'après les renseignements communiqués par M. le général de Ferron.

(2) On trouve encore RENÉ du Breil, guidon de la compagnie d'hommes d'armes de François du Breil, son oncle, suivant un mandement du Roi du 6 mai 1568 ; mais nous pensons qu'il serait plutôt fils de François, seigneur de la Roche-Colombière, que de Jean, car il paraît certain que Louise de Château-briand, au moment de son testament (26 décembre 1566), n'avait plus qu'un fils vivant de son dernier mariage.

« Paris, en date du 12 février 1565. » *Lisez* : Le 20 janvier 1561[1],
il présenta une « requefte référant autre précédente, aux fins
« d'avoir paiement de 53,091 livres 18 fols 10 deniers, luy dus
« pour fes avances, tant pour le fervice du Roy que de fes pré-
« déceffeurs, avec expédition au pied portant renvoi devant les
« gens des Comptes à Paris », ensuite de quoi, par ordonnance
du 8 septembre 1561[2], le Roi donna bien ordre de lui payer la
somme de 22,000 livres, avec obligation de celle de 13,000 livres
et promesse de le libérer d'autres 25,000 livres, mais sans que ces
ordres et ces promesses paraissent avoir été suivis d'effet, au
moins immédiatement.

Page 327, ligne 8. — *Au lieu de* : 1674, *lisez* : 1774.

Page 327, ligne 9. — *Au lieu de* : 1679, *lisez* : 1779.

Supplément, page 13, ligne 23. — *Au lieu de* : Françoise-
Louise-Victoire-Marie, *lisez* : Françoise-Louise-Victoire Marie.

Supplément, page 16, lignes 2 et 3. — *Au lieu de* : « .... pour
« le service du Duc, dans la ville de Dinan, en 1483. » *Lisez* :
« .... entretenue pour le service du Duc, dans la ville de Dinan,
« en 1488. »

Supplément, page 31, ligne 29. — *Au lieu de* : page 131, *lisez* :
page 133.

Supplément, page 65. — *Entre les articles* LOUIS *et* JACQUELINE,
intercalez celui-ci :

50bis JULIENNE du Breil, dame de la Roche, tenue sur les

---

(1) L'erreur que nous avions faite en attribuant à cet acte la date du 12 février 1565 tient à ce que
plusieurs lignes se trouvent omises à cet endroit dans notre copie des Preuves de la Réformation ; en
rétablissant le texte tronqué, d'après l'exemplaire de la Bibliothèque nationale, soigneusement corrigé de
la main de d'Hozier, nous avons reconnu que cette date du 12 février 1565 s'applique en réalité à un tout
autre acte.

(2) M. le comte de Palys rapporte cet acte au 8 septembre 1571. La date de 1561 est celle que nous
trouvons dans les Preuves de la Réformation.

fonts du baptême, le 21 novembre 1610, en l'église de
Saint-Méloir des Ondes, par Thomas de Guémadeuc,
baron de Blossac, décédée sans alliance et inhumée dans
l'église de Pleslin, le 23 avril 1640.

Supplément, page 66. — *Supprimez la note.*

Achevé d'imprimer

le sept mars mil huit cent quatre-vingt-dix-huit

PAR FRANCIS SIMON

SUCCESSEUR DE ALPH. LE ROY

IMPRIMEUR BREVETÉ

A RENNES

www.ingramcontent.com/pod-product-compliance
Lightning Source LLC
Chambersburg PA
CBHW070904280326
41934CB00008B/1577